아이가 주인공인 책

아이는 스스로 생각하고 매일 성장합니다.
부모가 아이를 존중하고 그 가능성을 믿을 때
새로운 문제들을 스스로 해결해 나갈 수 있습니다.

〈기적의 학습서〉는 아이가 주인공인 책입니다.
탄탄한 실력을 만드는 체계적인 학습법으로
아이의 공부 자신감을 높여 줍니다.

아이의 가능성과 꿈을 응원해 주세요.
아이가 주인공인 분위기를 만들어 주고,
작은 노력과 땀방울에 큰 박수를 보내 주세요.
〈기적의 학습서〉가 자녀 교육에 힘이 되겠습니다.

나는 식당을 열어
서 고아원 아이들 을 그리고
도와 줄겁니다.
아이돌이되어 웃게 해줄겁니다
성우도되어 어린이들 웃게 할겁니다

조심조심 착은히 통로
해야된다.

숙제가 하기 싫었는데 해미소리덕에
한결기분이좋아졌다

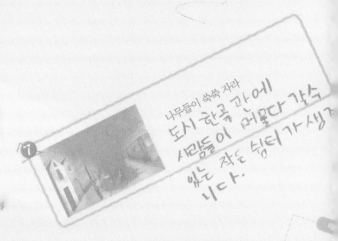

나무들이 쑥쑥 자라
도시 한곳 가에
사람들이 머물다 갈수
있는 작은 쉼터가생겼
니다.

◦ 다섯친구들을 아주 용감하
다. 😊 다섯친구들 ◎ ✕ 😊
☆☆ 너무 좋다. 😄 🌀🌀 ★★★

빠를 태우

어이없이 소원을빌었으니
이제 나무를 잘 패세요.

그 다섯 명이
쎌줄도 몰르고
덤벼서 너무 아
프고 억울해
또 만나면 혼
내줄거야
✕ ✕
효랑이

언제	새벽 5시에
어디에서	집에서
누구와	나와
무슨일	더워서 새벽5시에일어났으니

[기적의 독서 논술] 샘플을 먼저 경험한 전국의 주인공들

강민준 공현욱 구민서 구본준 권다은 권민재 김가은 김규리 김도연 김서현 김성훈
김윤아 김은서 김정원 김태완 김현우 남혜인 노윤아 노혜욱 류수영 박선율 박세은
박은서 박재현 박주안 박채운 박채환 박현우 배건웅 서아영 손승우 신예나 심민규
심준우 양서정 오수빈 온하늘 원현정 유혜수 윤서연 윤호찬 이 솔 이준기 이준혁
이하연 이효정 장보경 전예찬 전현재 정윤서 정지우 조연서 조영민 조은상 주하림
지예인 진하윤 천태희 최예린 최정연 추예은 허준석 홍주원 홍주혁

"
고맙습니다.
우리 친구들 덕분에 이 책을 잘 만들 수 있었습니다.
"

안녕? 난 **뚱** 이라고 해. 2019살이야.

디자이너 비따쌤이 만들었는데, 길벗쌤이 날 딱 보더니 엉뚱한 생각을 많이 할 것 같다고

'뚱'이란 이름을 지어 줬어. (뚱뚱해서 지은 거 아니야! 화났뚱) 나는 이 책에 가끔 나와.

새싹뚱, 글자뚱, 읽는뚱, 쓰는뚱, 생각뚱, 탐구뚱, 박사뚱, 말뚱, 놀뚱, 쉴뚱! (💩 **뚱** 아니야! 잘 봐~)

너희들 읽기도 쓰기도 하는 둥 마는 둥 할까 봐 내가 아주 걱정이 많아. 그래서 살짝뚱 도와줄 거야.

같이 해 보자고!! 뚱뚱~~

초등 문해력, **쓰기**로 완성한다!

기 적 의
독서 논술

길벗스쿨

기적의 독서 논술 7 초등 4학년

초판 1쇄 발행 2020년 2월 2일
개정 1쇄 발행 2024년 4월 11일

지은이 기적학습연구소
발행인 이종원
발행처 길벗스쿨
출판사 등록일 2006년 6월 16일
주소 서울시 마포구 월드컵로 10길 56(서교동 467-9)
대표 전화 02)332-0931 | **팩스** 02)323-0586
홈페이지 www.gilbutschool.co.kr | **이메일** gilbut@gilbut.co.kr

기획 신경아(skalion@gilbut.co.kr) | **책임 편집** 박은숙, 유명희, 이은정
제작 이준호, 손일순, 이진혁 | **영업마케팅** 문세연, 박선경, 박다슬 | **웹마케팅** 박달님, 이재윤, 나혜연
영업관리 김명자, 정경화 | **독자지원** 윤정아

디자인 디자인비따 | **전산편집** 디그린, 린 기획
편집 진행 이은정 | **교정 교열** 백영주
표지 일러스트 이승정 | **본문 일러스트** 이주연, 루인, 조수희, 백정석, 김지아
CTP출력 및 인쇄 교보피앤비 | **제본** 경문제책

ISBN 979-11-6406-685-8 64710
(길벗스쿨 도서번호 10945)
정가 13,000원

'읽다'라는 동사에는 명령형이 먹혀들지 않는다.

이를테면 '사랑하다'라든가 '꿈꾸다' 같은 동사처럼,

'읽다'는 명령형으로 쓰면 거부 반응을 일으키는 것이다. 물론 줄기차게 시도해 볼 수는 있다.

"사랑해라!", "꿈을 가져라."라든가, "책 좀 읽어라, 제발!", "너, 이 자식, 책 읽으라고 했잖아!"라고.

효과는? 전혀 없다.

– 『다니엘 페나크, 〈소설처럼〉 중에서 』

이 책을 기획하면서 읽었던 많은 독서 교육 관련 책 중에 가장 기억에 남는 구절이었습니다. 볼거리와 놀거리가 차고 넘치는 세상에서 아이들에게 그럼에도 불구하고 '독서가 답이야.'라고 말해 주고 싶어서 이 책을 기획했습니다. 그래서 어떻게 하면 '독서(읽다)와 논술(쓰다)'이라는 말이 명령형처럼 들리지 않을까 고민했습니다. '혼자서도 할 수 있어.'에서 '같이 해 보자.'로 방법을 바꿔 제안합니다.

독서도 연산처럼 훈련이 필요한 학습입니다. 글자를 뗀 이후부터 혼자서 책을 척척 찾아 읽고, 독서 감상문도 줄줄 잘 쓰는 친구가 있을까요? 처음에는 쉽지 않습니다. 초보 독서에서 벗어나 능숙한 독서가로 성장하기 위해서는 무릇 학교 선생님(부모님)의 도움이 필요합니다. 가랑비에 옷 젖듯, 매일 조금씩 천천히 함께 책 읽는 시간을 가져 보세요. 그리고 읽은 것에 대해 이런저런 대화를 나누어 보세요. 함께 책을 읽는 연습이 되어야 생각하는 힘이 생기고, 자기 생각을 표현하는 방법도 깨우치게 됩니다.

아이가 잘 읽고 있다고 생각할 수 있지만, 내용을 금방 파악하기 어려울 수 있습니다. 이럴 때 부모님께서 함께 글의 내용을 떠올려 봐 주시고, 생각의 물꼬를 터 주신다면 아이들은 쉽게 글 속으로 빠져들게 될 것입니다.

생각을 표현하는 것 또한 녹록지 않을 수 있습니다. 처음부터 완벽한 문장으로 쓰기를 기대하지 마세요. 읽는 것만큼 쓰는 것도 자주 해 봐야 늡니다. 쓰기를 특히 어려워한다면 말로 표현해 보라고 먼저 권유해 주세요. 한 주에 한 편씩 읽고 쓰고 대화하는 동안에 공감 능력과 이해력이 생기고, 생각하고 표현하는 능력이 향상될 것입니다.

초등 공부는 읽기로 시작해서 쓰기로 완성됩니다. 지금 이 책이 그 효과적인 독서 교육 방법을 제안합니다. 이 책을 선택하신 무릎 학교 선생님, 우리 아이에게 딱 맞는 독서 교육가가 되어 주십시오. 아이와 함께 할 때 효과는 배가 될 것입니다.

2020. 2

기적학습연구소 일동

〈기적의 독서 논술〉은 매주 한 편씩 깊이 있게 글을 읽고 생각을 쓰면서 사고력을 키우는 초등 학년별 독서 논술 프로그램입니다.

눈에만 담는 독서에서 벗어나, 읽고 떠오르는 생각과 감정을 밖으로 표현해 보세요. 매주 새로운 글을 통해 생각 훈련을 하다 보면, 어휘력과 독해력은 물론 표현력까지 기를 수 있습니다. 예비 초등을 시작으로 학년별 2권씩, 총 14권으로 구성되어 있습니다.

* 초등 고학년(5~6학년)을 대상으로 한 〈기적의 역사 논술〉도 함께 출시되어 있습니다. 〈기적의 역사 논술〉은 매주 한 편씩 한국사 스토리를 통해 역사적 맥락을 이해하고, 그 의미를 파악하며 생각을 써 보는 통합 사고력 프로그램입니다.

1 학년(연령)별 구성

학년별 2권 구성

한 학기에 한 권씩 독서 논술을 테마로 학습 계획을 짜 보는 것은 어떨까요?

독서 프로그램 차등 설계

읽기 역량을 고려하여 본문의 구성도 차등 적용하였습니다.

예비 초등과 초등 1학년은 짧은 글을 중심으로 장면별로 끊어 읽는 독서법을 채택하였습니다. 초등 2~4학년은 한 편의 글을 앞뒤로 나누어 읽도록 하였고, 초등 5~6학년은 한 편의 글을 끊지 않고 쭉 이어서 읽도록 하였습니다. 글을 읽은 뒤에는 글의 내용을 확인 정리하면서 생각을 펼칠 수 있도록 설계하였습니다.

▶ **선택 팁** 단계별(학년별)로 읽기 분량이나 서술·논술형 문제에 난이도 차가 있습니다. 아이 학년에 맞게 책을 선택하시되 첫 주의 내용을 보시고 너무 어렵겠다 싶으시면 전 단계를, 이 정도면 수월하겠다 싶으시면 다음 권을 선택하셔서 학습하시길 추천드립니다.

② 읽기 역량을 고려한 다채로운 읽기물 선정 (커리큘럼 소개)

권	주	읽기물	주제	장르	비고	특강
P1	1	염소네 대문	친구 사귀기	창작 동화	인문, 사회	한 장면 생각 표현
	2	바람과 해님	지혜, 온화함	명작 동화	인문, 과학	
	3	임금님 귀는 당나귀 귀	비밀 지키기	전래 동화	인문, 사회	
	4	숲속 꼬마 사자의 변신	바른 태도로 듣기	창작 동화	사회, 언어	
P2	1	수상한 아저씨의 뚝딱 목공소	편견, 직업	창작 동화	인문, 기술	한 장면 생각 표현
	2	짧아진 바지	효, 소통	전래 동화	사회, 문화	
	3	레옹을 부탁해요	유기묘, 동물 사랑	창작 동화	인문, 과학	
	4	어리석은 소원	신중하게 생각하기	명작 동화	인문, 사회	
1	1	글자가 사라진다면	한글의 소중함	창작 동화	언어, 사회	그림일기 사람을 소개하는 글
	2	노란색 운동화	쓸모와 나눔	창작 동화	사회, 경제	
	3	재주 많은 다섯 친구	재능	전래 동화	인문, 기술	
	4	우리는 한 가족	가족 호칭	지식 동화	사회, 문화	
2	1	토끼의 재판	은혜, 이웃 도와주기	전래 동화	인문, 사회	일기 물건을 설명하는 글
	2	신통방통 소식통	감각 기관	설명문	과학, 기술	
	3	숲속 거인의 흥미진진 퀴즈	도형	지식 동화	과학, 수학	
	4	열두 띠 이야기	열두 띠가 생겨난 유래	지식 동화	사회, 문화	
3	1	당신이 하는 일은 모두 옳아요	믿음	명작 동화	인문, 사회	부탁하는 글 편지
	2	바깥 활동 안전 수첩	안전 수칙	설명문	사회, 안전	
	3	이르기 대장 나최고	이해, 나쁜 습관	창작 동화	인문, 사회	
	4	우리 땅 곤충 관찰기	여름에 만나는 곤충	관찰 기록문	과학, 기술	
4	1	고제는 알고 있다	친구 이해	창작 동화	인문, 사회	책을 소개하는 글 관찰 기록문
	2	여성을 위한 변호사 이태영	위인, 남녀평등	전기문	사회, 문화	
	3	염색약이냐 연필깎이냐, 그것이 문제로다!	현명한 선택	경제 동화	사회, 경제	
	4	내 직업은 직업 발명가	직업 선택	지식 동화	사회, 기술	
5	1	지하 정원	성실함, 선행	창작 동화	사회, 철학	독서 감상문 제안하는 글
	2	내 친구가 사는 곳이 궁금해	대도시와 마을	지식 동화	사회, 지리	
	3	팥죽 호랑이와 일곱 녀석	배려와 공감	반전 동화	인문, 사회	
	4	수다쟁이 피피의 요란한 바다 여행	환경 보호, 미세 플라스틱 문제	지식 동화	과학, 환경	
6	1	여행	여행, 체험	동시	인문, 문화	설명문 시
	2	마녀의 빵	적절한 상황 판단	명작 동화	인문, 사회	
	3	숨바꼭질	자존감	창작 동화	사회, 문화	
	4	한반도의 동물을 구하라!	한반도의 멸종 동물들	설명문	과학, 환경	
7	1	작은 총알 하나	전쟁 반대, 평화	창작 동화	인문, 평화	기행문 논설문
	2	백제의 숨결, 무령왕릉	문화 유산 답사	기행문	역사, 문화	
	3	돌멩이 수프	공동체, 나눔	명작 동화	사회, 문화	
	4	우리 교실에 벼가 자라요	식물의 한살이	지식 동화	과학, 기술	
8	1	헬로 두떡 마켓	북한 주민 정착	창작 동화	사회, 문화	기사문 연설문
	2	2005 스탠퍼드대학교 졸업식 연설문	끊임없는 도전 정신	연설문	과학, 기술	
	3	피부색으로 차별받지 않는 무지개 나라	편견과 차별	지식 동화	문화, 역사	
	4	양반전	위선과 무능 풍자	고전 소설	사회, 문화	

3 어휘력 + 독해력 + 표현력을 한번에 잡는 3단계 독서 프로그램

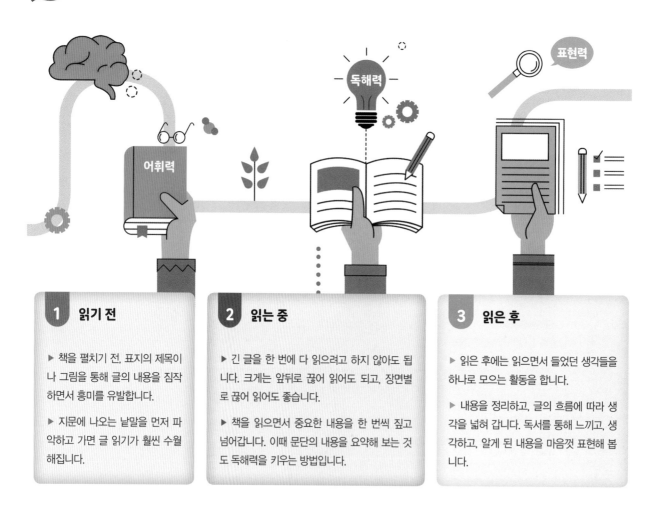

1 읽기 전

▶ 책을 펼치기 전, 표지의 제목이나 그림을 통해 글의 내용을 짐작하면서 흥미를 유발합니다.

▶ 지문에 나오는 낱말을 먼저 파악하고 가면 글 읽기가 훨씬 수월해집니다.

2 읽는 중

▶ 긴 글을 한 번에 다 읽으려고 하지 않아도 됩니다. 크게는 앞뒤로 끊어 읽어도 되고, 장면별로 끊어 읽어도 좋습니다.

▶ 책을 읽으면서 중요한 내용을 한 번씩 짚고 넘어갑니다. 이때 문단의 내용을 요약해 보는 것도 독해력을 키우는 방법입니다.

3 읽은 후

▶ 읽은 후에는 읽으면서 들었던 생각들을 하나로 모으는 활동을 합니다.

▶ 내용을 정리하고, 글의 흐름에 따라 생각을 넓혀 갑니다. 독서를 통해 느끼고, 생각하고, 알게 된 내용을 마음껏 표현해 봅니다.

예비 초등~1학년의 독서법

읽기 능력을 살리는 '장면별 끊어 읽기'

창작/전래/이솝 우화 등 짧지만 아이들의 감성을 자극하고 공감을 끌어낼 수 있는 이야기글을 수록하였습니다. 어린 연령일수록 읽기에 대한 거부감을 줄이고, 독서에 대한 재미를 더합니다.

2학년 이상의 독서법

사고력과 비판력을 키우는 '깊이 읽기'

동화뿐 아니라 시, 전기문, 기행문, 설명문, 연설문, 고전 등 다양한 갈래를 다루고 있습니다. 읽기 능력 신장을 위해 저학년에 비해 긴 글을 앞뒤로 나누어 읽어 봅니다. 흥미로운 주제와 시공간을 넘나드는 폭넓은 소재로 아이들의 생각을 펼칠 수 있게 하였습니다.

4 사고력 확장을 위한 서술·논술형 문제 출제

초등학생에게 논술은 '생각 쓰기 연습'에 해당합니다.

교육 평가 과정이 객관식에서 주관식 평가로 점차 변화하고 있습니다. 학교에서는 지필고사를 대신한 수행평가가 수시로 이루어지고 있습니다. 정오답을 찾는 단선적인 객관식보다 사고력을 평가할 수 있는 주관식의 비율이 높아지고, 국어뿐 아니라 수학, 사회, 과학 등 서술형 평가가 확대되고 있습니다. 이런 평가를 대비하여 글을 읽고, 생각을 표현하는 방법을 다각도로 훈련할 수 있도록 구성하였습니다.

이 책에서 출제된 서술·논술형 문제 유형은 다음과 같습니다.

> "만약에 나라면 어떻게 했을지 쓰세요." 균형, 비판

> "왜 그런 행동(말)을 했을지 쓰세요." 공감, 논리

> "다음과 같은 상황에 처했을 때 주인공은 어떻게 했을지 쓰세요." 창의, 비판

> "등장인물에게 나는 어떤 말을 해 주고 싶은지 쓰세요." 공감, 균형

> "A와 B의 비슷한(다른) 점은 무엇인지 쓰세요." 논리, 비판

글을 읽을 때 생각이 자라지만, 생각한 바를 표현할 때에도 사고력은 더 확장됩니다. 꼼꼼하게 읽고, 중간중간 내용을 확인한 후에 전체적으로 읽은 내용을 정리해 봄으로써 생각을 다듬고 넓혀 갈 수 있습니다. 한 편의 글을 통해 주인공의 입장이 되어 보기도 하고, '나라면 어땠을까?'를 생각해 보는 연습이 논술에 해당합니다. 하나의 주제를 담고 있는 글을 읽고 내용의 옳고 그름을 판단하기도 하고, 글의 전체적인 맥락을 파악함으로써 논리적이고 비판적인 사고를 할 수 있습니다.

> **지도팁** 장문의 글을 써야 하는 논술 문제는 없지만, 자신의 생각을 마음껏 표현할 수 있게 유도해 주세요. 글로 바로 쓰는 게 어렵다면 말로 표현해 볼 수 있도록 지도해 주시기 바랍니다. 말로 표현한 것을 문장으로 다듬어 쓰다 보면, 생각한 것이 어느 정도 정리됩니다. 여러 번 연습한 후에 논리가 생기고, 표현력 또한 자라게 될 것입니다. 다소 엉뚱한 대답일지라도 나름의 논리와 생각의 과정이 건강하다면 칭찬을 아끼지 마십시오.

4학년을 위한 **7**권 / **8**권

4학년이면 이제 그림책보다는 글줄이 더 많은 이야기책을
읽을 수 있어야 합니다. 이야기책은 물론 다양한 주제와
소재를 다루고 있는 비문학 글도 접하는 것이 좋습니다.

관심 있는 주제의 이야기를 읽은 후에는
관련 도서를 더 찾아보는 것을
추천합니다.

🌸 공부 계획 세우기

13쪽

권별 전체 학습 계획

**주차 학습
시작 페이지**

주별 학습 확인

📍 한 주에 한 편씩, 5일차 학습 설계

학습자의 읽기 역량에 따라 하루에 1~2일차를 이어서 할 수도 있고, 1일차씩 끊어서 학습할 수도 있습니다.
계획한 대로 학습이 이루어졌는지 자기 점검을 꼭 해 보세요.

🌸 학년별 특강 [갈래별 글쓰기]

국어과 쓰기 학습에 필요한 '갈래별 글쓰기' 연습을 통해 표현력을 키울 수 있도록 구성하였습니다.

그림일기를 시작으로 기행문, 논설문까지 국어 교과서에서 학년별로 다루는 다양한 갈래의 개념을 설명하고, 이를 구조적으로 쉽게 풀어서 쓸 수 있는 방법을 연습합니다.

✏️ **지도팁** 쓰기에 취약한 친구들은 단계적으로 순서를 밟아 쓸 수 있도록 해 주세요.

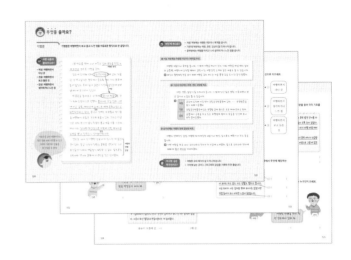

🌸 온라인 제공 [독서 노트]

길벗스쿨 홈페이지(www.gilbutschool.co.kr) 자료실에서 독서 노트를 내려받아 활용할 수 있습니다. 책을 읽고 느낀 점이나 인상 깊었던 점을 간략하게 쓰거나 그리고, 재미있었는지도 스스로 평가해 봅니다. 이 책에 제시된 글뿐만 아니라 추가로 읽은 책에 대한 독서 기록을 남길 수도 있습니다.

▶ **길벗스쿨 홈페이지**
독서 노트 내려받기

매일 조금씩 책 읽는 습관이
아이의 사고력을 키웁니다.

🌸 3단계 독서 프로그램

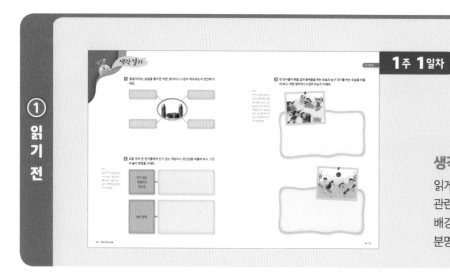

① 읽기 전

생각 열기

읽게 될 글의 그림이나 제목과
관련지어서 내용을 미리 짐작해 본다거나
배경지식을 떠올리면서 읽는 목적을
분명히 하는 활동입니다.

② 읽는 중

생각 쌓기

학습자의 읽기 역량에 따라 긴 글을
장면별로 끊어 읽기도 하고, 전후로 크게
나누어 읽어 봅니다. 부모님과 함께
소리 내어 읽어 보는 것은 어떨까요?

한줄톡! 은 읽은 글의 내용을 한 문장으로
요약해 보는 활동입니다.

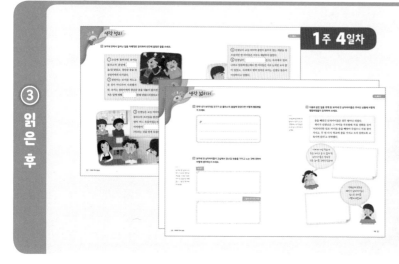

③ 읽은 후

생각 정리

글의 내용을 한눈에 정리해 보는 활동입니다.
장면을 이야기의 흐름대로 정리해 볼 수도
있고, 주요 내용을 채워서 이야기의
흐름을 완성할 수도 있습니다.

생각 넓히기

다양한 사고력을 필요로 하는 서술·논술형
문제들입니다. 글을 읽고 생각한 바를
다양한 방법으로 표현해 볼 수 있습니다.

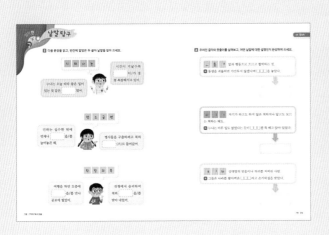

낱말 탐구

글에 나오는 주요 어휘를
미리 공부하면서 읽기를 조금 더 수월하게
이끌어 갑니다. 뜻을 모를 때에는
가이드북을 참고하세요.

어휘력 쑥쑥!

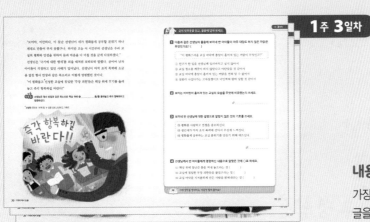

1주 3일차

내용 확인 (독해)

가장 핵심적인 독해 문제만 실었습니다.
글을 꼼꼼하게 읽었는지 확인할 수 있습니다.

독해력 척척!

1주 5일차

표현력 뿜뿜!

배경지식 탐구 / 쉬어가기

읽은 글의 내용과 관련된 배경지식을
담았습니다. 주제와 연관된 추천 도서도
살펴볼 수 있습니다. 잠깐 쉬면서
머리를 식히는 코너도 마련했습니다.

독서 노트

읽은 책에 대한 감상평을 남겨 보세요.
별점을 매기며 종합적으로 평가해
보는 것도 좋습니다.

차례 보고 만드는 독서 다이어리

차례

1주 작은 총알 하나 ⟶ 14

2주 백제의 숨결, 무령왕릉 ⟶ 40

3주 돌멩이 수프 ⟶ 66

4주 우리 교실에 벼가 자라요 ⟶ 92

특강 갈 래 별 글 쓰 기 ⟶ 119

* 한 주에 한 편씩 계획을 세워 독서 다이어리를 완성해 보세요.

자유롭게
적어 봐~

주차별	읽기 전	읽는 중	읽은 후	
글의 제목	생각 열기 낱말 탐구	생각 쌓기 내용 확인	생각 정리 생각 넓히기	독서 노트
예 ○주 글의 제목을 쓰세요.	3/3 ☹ 낱말이 어렵다 ㅠ-ㅠ	3/5	3/6 문제 다 맞음! ★ ★ ★	3/7	/
	/	/	/	/	/
	/	/	/	/	/
	/	/	/	/	/
	/	/	/	/	/

특강
갈 래 별 글 쓰 기

갈래 1	무엇을 쓸까요?	어떻게 쓸까요?	이렇게 써 봐요!
	/		/

갈래 2	무엇을 쓸까요?	어떻게 쓸까요?	이렇게 써 봐요!
	/		/

1주

창작 동화 인문, 평화

즉각 항복하길 바란다!

🏅 독서논술계획표

❯ 공부한 날짜를 쓰고, 끝마친 단계에는 V표를 하세요.

읽기 전		읽는 중				읽은 후	
월	일	월	일	월	일	월	일
생각 열기	☐	생각 쌓기 1	☐	생각 쌓기 2	☐	생각 정리	☐
낱말 탐구	☐	내용 확인	☐	내용 확인	☐	생각 넓히기	☐

독서 노트   월   일

작은 총알 하나

위기철

※ 이 글은 위기철 작가님께서 쓰신 『무기 팔지 마세요!』의 일부입니다.

1 '총알'이라는 낱말을 들으면 어떤 생각이나 느낌이 떠오르는지 빈칸에 쓰세요.

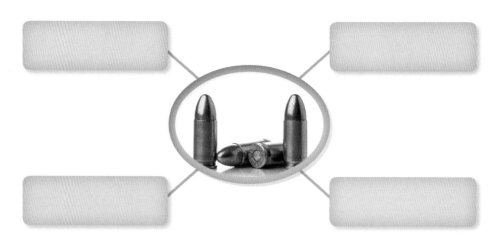

2 요즘 우리 반 친구들에게 인기 있는 게임이나 장난감을 떠올려 보고, 그것의 놀이 방법을 쓰세요.

우리 반 친구들에게 인기 있는 게임이나 장난감을 떠올려 보고 놀이 방법을 정리하여 써 보세요.

3 반 친구들이 편을 갈라 총싸움을 하는 모습과 농구 경기를 하는 모습을 떠올려 보고, 어떤 생각이나 느낌이 드는지 쓰세요.

반 친구들과 편을 갈라 놀이를 했던 경험을 떠올려 보고, 같은 놀이라고 하더라도 총싸움을 하는 모습과 농구 경기를 하는 모습이 어떻게 다른지 생각해 보세요.

1 다음 문장을 읽고, 빈칸에 알맞은 두 글자 낱말을 찾아 쓰세요.

치 태 사 눈

시간이 지날수록 ☐이/가 점점 복잡해지고 있어.

누나는 오늘 따라 좋은 일이 있는 것 같은 ☐였어.

명 소 굴 변

민하는 실수한 뒤에 언제나 ☐을/를 늘어놓곤 해.

병사들을 구출하려고 적의 ☐(으)로 들어갔어.

한 항 괴 복

여행을 하던 도중에 ☐을/를 만나 공포에 떨었어.

전쟁에서 승리하여 적의 ☐을/를 받아 내었어.

2 주어진 글자와 뜻풀이를 살펴보고, 어떤 낱말에 대한 설명인지 완성하여 쓰세요.

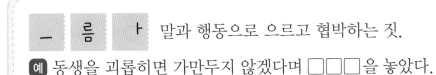

ㅡ 름 ㅏ   말과 행동으로 으르고 협박하는 짓.

예 동생을 괴롭히면 가만두지 않겠다며 ☐☐☐을 놓았다.

시 ㅣ ㅣ   자기가 하고도 하지 않은 척하거나 알고도 모르는 척하는 태도.

예 누나는 아무 일도 없었다는 듯이 ☐☐☐를 뚝 떼고 앉아 있었다.

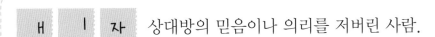

ㅐ ㅣ 자   상대방의 믿음이나 의리를 저버린 사람.

예 그들은 나라를 팔아먹은 ☐☐☐라고 손가락질을 받았다.

작은 총알 하나

위기철

보미가 교실에 들어섰을 때 콩알보다도 더 작은 하얀 플라스틱 조각이 날아와 이마를 때렸다. 가시에 찔렸을 때처럼 따끔했다. 보미가 얼굴을 찌푸리고 교실 안을 둘러보니 경민이가 킥킥 웃고 있었다. 보미는 당장 경민이 쪽으로 다가갔다.

"너 나한테 총 쐈지?"

경민이는 무슨 소리냐는 듯이 시치미를 뚝 떼고 되물었다.

"총? 무슨 총?"

보미는 책상 밑에 감추고 있던 경민이 손을 왈칵 낚아챘다. 경민이는 깜짝 놀라 보미의 손길을 피하려 했으나 그 바람에 손에 들고 있던 것을 바닥에 떨어뜨리고 말았다. 그것은 장난감 권총이었다.

"이래도 시치미를 뗄래?"

경민이는 권총을 냉큼 집어 들더니 가방 속에 숨겨 버렸다.

"미안해. 너를 겨누고 쏜 거 아니야."

보미는 어이가 없었다.

"나를 겨누고 쏜 게 아니면 총알을 맞아도 된다는 거냐? 만일 내 눈에 맞았으면 어쩔 뻔했니?"

"야, 미안하다고 했잖아. 진만이한테 쏜 건데 빗나갔을 뿐이야."

보미는 진만이를 쳐다보았다. 진만이는 장난기를 가득 담은 얼굴로 보미에게 경민이를 더 혼내 주라는 손짓을 해 보이고 있었다. 그렇다면 진만이도 총을 가지고 있을 게 뻔했다. 보미네 반 남자아이들 사이에서는 장난감 총을 가지고 노는 게 유행이었다. 장난감이지만 진짜 총하고 똑같이 생겼고, '비비탄'이라고 하는 플라스틱 총알까지 쏠 수 있었다.

 한줄 톡! 보미는 경민이가 ❶ _____ (으)로 쏜 총알에 이마를 맞고 화가 났다.

"너 그 총 이리 내!"

보미가 손을 내밀었으나 경민이는 여전히 장난기 어린 얼굴로 빙글빙글 웃고 있었다.

"야, 봐 주라. 다시는 안 그럴게."

"어서 안 내놔?"

보미는 빽 소리를 질렀다. 그제야 경민이는 얼굴에 웃음기를 거두었다.

"네가 뭔데 내 총을 내놔라 마라 하는 거냐?"

"좋아. 그럼 네가 학교에 총을 가지고 왔다고 선생님한테 말씀드릴 거야."

그 말에 경민이는 얼굴을 찌푸렸다. 보미가 이르면 선생님한테 총을 뺏길 게 뻔했기 때문이었다. 그러나 경민이는 고집을 꺾지 않았다.

"맘대로 해. 하지만 그랬다가는 나도 가만있지 않을걸."

경민이는 보미를 노려보며 으름장을 놓았다.

보미는 경민이의 말이 무섭지는 않았지만, 총을 내놓으라고 한 것은 조금 심했다 싶은 생각도 들었다. 그저 경민이의 태도에 약이 올라 한 말일 뿐이었다. 총을 빼앗아 두었다가 충분히 시간이 지난 뒤에 돌려줄 생각이었다. 하지만 '선생님한테 이르면 가만두지 않겠다'는 경민이의 으름장을 듣고 보니, 선생님한테 꼭 일러바쳐 벌을 받게 하고 싶다는 생각이 들었다.

그러나 경민이가 선생님한테 총을 빼앗긴 것은 보미의 고자질 때문이 아니었다. 교실 바닥에 떨어져 있던 콩알만 한 비비탄 때문이었다.

선생님은 교실에 들어오자마자 바닥에 떨어져 있는 하얀 플라스틱 조각들을 발견했다. 선생님은 그것을 하나 주워 들고 한참 동안이나 요리조리 살펴보았다. 그러는 동안 학교에 총을 가져온 아이들은 간이 콩알만 해졌을 것이다. 선생님은 주운 물건을 아주 조심스럽게 교탁 위에 올려놓았다.

"어제 청소 당번 어디였지?"

선생님은 턱을 위로 치켜들며 교실을 한 바퀴 훑어보았다. 선생님은 늘 안경을 코끝에 걸치고 있었기 때문에 먼 곳을 바라볼 때는 턱을 치켜드는 버릇이 있었다.

"한마음이요!"

아이들이 외치자, 선생님은 한마음 모둠 쪽을 돌아보았다.

 한줄톡! 선생님은 교실 바닥에 떨어져 있는 하얀 ❷ _____ 조각들을 발견했다.

"그럼, 한마음에게 묻는다."

선생님은 누군가를 꾸짖고 싶을 때 늘 그런 말투로 말했다. "강보미에게 묻는다, 너는 왜 아직 숙제를 제출하지 않았는고?" 선생님은 지금 그런 말투로 묻고 있었다.

"이 이상한 물체가 언제부터 교실 바닥에 뒹굴고 있었는고?"

한마음 아이들은 서로 힐끔힐끔 눈치만 볼 뿐 아무도 대답하지 않았다.

"선생님은 너희 모둠이 어제 청소를 제대로 하고 가지 않았다고 생각하겠다. 그래도 좋단 말이지?"

"아니에요. 저희가 어제 청소를 끝냈을 때는 비비탄이 떨어져 있지 않았어요."

한마음의 병수가 재빨리 말했다.

"그래?"

선생님은 교탁 위에 놓여 있던 하얀 플라스틱 조각을 다시 집어 들었다.

 한줄톡! 선생님은 교실 바닥에 떨어진 ❸ _____ 을/를 보고 이상한 물체라고 말했다.

글의 앞부분을 읽고, 물음에 답해 보세요.

1 보미네 반 남자아이들 사이에서 유행하는 놀이는 무엇인지 쓰세요.

✎ _____

2 다음 중 보미에게 일어난 일은 무엇인가요? (   )

① 보미가 작고 하얀 플라스틱 조각에 이마를 맞았다.
② 보미가 경민이의 총을 빼앗아 다른 친구들과 장난을 쳤다.
③ 보미가 선생님께 경민이가 총을 가져온 일에 대해 고자질했다.
④ 보미가 화가 나서 자신에게 총을 쏜 경민이를 주먹으로 한 대 때렸다.

3 선생님이 교실에 들어오자마자 무엇을 발견했는지 알맞은 것에 ○표 하세요.

(1) 교탁 위에 놓인 장난감 총 (   )
(2) 바닥에 떨어져 있는 과자 부스러기 (   )
(3) 바닥에 떨어져 있는 하얀 플라스틱 조각들 (   )

4 남자아이들이 가지고 노는 장난감 총에 대한 설명으로 알맞지 <u>않은</u> 것의 기호를 쓰세요.

> ㉮ 진짜 총과 똑같은 모습이다.
> ㉯ '비비탄'이라고 하는 플라스틱 총알을 쏠 수 있다.
> ㉰ 선생님의 허락을 받으면 학교에 가져와서 놀 수 있다.

✎ _____

❂ 이어서 다음 글을 읽어 보세요.

"이 물건을 비비탄이라고 한단 말이지? 그럼 병수에게 다시 묻는다. 비비탄이 대체 뭐고?"

"비비탄은……. 장난감 총에 넣는 총알이죠, 뭐."

병수는 당황해서 말을 더듬었다. 병수의 책가방 속에도 권총이 한 자루 들어 있기 때문이었다.

"총알이라……."

선생님이 안경을 추켜올리며 중얼거렸다.

"너희 모두에게 묻는다. 이 평화스러운 교실 바닥에 총알이 흩어져 있는 까닭이 무엇인고?"

아이들은 아무 대답도 하지 않았다. 이럴 때 섣불리 나섰다가는 고자질쟁이로 낙인찍혀 왕따 당할 염려가 있기 때문이었다. 보미는 경민이 짓이라고 일러바치고 싶어 입이 근질거렸지만 꾹 참았다.

아이들이 아무 대꾸가 없자 선생님은 이맛살을 찌푸렸다.

◆섣불리: 솜씨가 설고 어설프게.
◆낙인찍혀: '벗어나기 어려운 부정적 평가가 내려져.'
라는 뜻임. '낙인'은 쇠붙이로 만들어 불에 달구어
찍는 도장으로 목재나 기구, 가축 따위에 주로
찍고 예전에는 형벌로 죄인의 몸에 찍는 일
도 있었음.

"좋다. 그렇다면 스스로 이 총알의 주인이라고 생각하는 사람은 자리에서 조용히 일어나기 바란다."

남자아이들은 서로 힐끔힐끔 눈치를 보았다. 그 아이들 가방 속에는 권총이 한 자루씩 들어 있을 게 뻔했다. 그러나 자리에서 일어나는 아이는 아무도 없었다. 보미는 경민이 쪽을 힐끗 쳐다보았다. 경민이도 시치미를 뚝 떼고 앉아 있었다.

"총알은 있는데 총을 쏜 사람은 없다는 얘기냐?"

선생님 목소리가 조금 커졌다. 그때 보미가 느닷없이 자리에서 벌떡 일어섰다. 선생님과 아이들이 모두 보미를 쳐다보았다.

 한 줄 톡! 선생님은 이맛살을 찌푸린 채 ❹ _____(이)라고 생각하는 사람은 자리에서 조용히 일어나라고 말씀하셨다.

✦**느닷없이:** 나타나는 모양이 아주 뜻밖이고 갑작스럽게.

"이 비비탄의 주인이 너냐?"

"아뇨. 하지만 저희가 대답을 못 하는 것은 선생님 물음이 이상해서 그런 거예요."

"내 물음이 이상하다고?"

"생각해 보세요. 전쟁터에서 총알을 하나 주워 '이 총알이 누구 것이냐?' 하고 묻는다면, 그 물음에 누가 대답할 수 있겠어요?"

아이들은 '와' 하고 웃음을 터뜨렸다. 남자아이들은 가뜩이나 속으로 켕기는 구석이 있던 터여서 더욱 요란하게 웃어 댔다. 마치 선생님의 다그침이 웃음 속에서 어물쩍 넘어가기를 바라기라도 하듯이. 하지만 선생님은 웃지 않았다.

"전쟁터라……."

선생님은 보미가 한 말을 되뇌더니 눈을 동그랗게 뜨고 다시 물었다.

"그러니까 네 말은 누가 총을 쏘았는지 분간할 수 없을 만큼 총을 가지고 있는 아이들이 많다는 얘기냐?"

"그건……."

보미는 '아차' 싶었지만, 이미 늦어 버렸다. 선생님은 보미 얼굴만 봐도 짐작할 수 있다는 듯이 고개를 끄덕였다.

✦**켕기는:** 마음속으로 겁이 나고 탈이 날까 불안해하는.

"조금 전에 보미는 아주 좋은 비유를 들었다. 전쟁터! 너희들도 알다시피, 선생님은 평화를 사랑하는 사람이며 전쟁을 증오하는 사람이다. 그리고 세계가 온통 전쟁터로 뒤바뀌더라도, 우리 교실만큼은 평화로워야 한다고 믿고 있다. 그런데 오늘 아침 교실 바닥에는 총알이 뒹굴고, 선생님이 가장 아끼는 제자 가운데 한 명인 보미는 우리의 평화로운 교실이 전쟁터가 되어 버렸노라고 고발하고 있다."

보미는 느닷없이 '선생님이 가장 아끼는 제자'가 되어 버렸지만, 남자아이들 쪽에서 보면 '배신자'나 다름없을 것이었다.

"선생님, 제가 고발한 게 아니라……."

보미는 남자아이들의 눈치를 보며 뭔가 변명을 하려 했지만, 선생님은 손을 내저으며 보미 말을 가로막았다.

 ❺ ＿＿＿＿＿＿을/를 전쟁터로 비유하여 말하는 바람에 보미는 남자아이들에게 배신자가 될 상황에 처했다.

✦**증오하는:** 몹시 원망하고 미워하는.
✦**고발하고:** 세상에 잘 알려지지 않은 잘못이나 비리 따위를 드러내어 알리고.

"보미야, 미안하다. 이 못난 선생님이 네가 평화롭게 공부할 분위기 하나 제대로 만들어 주지 못했구나. 하지만 오늘 이 시간부터 선생님은 우리 교실의 평화와 안전을 위하여 몸과 마음을 다 바칠 것을 굳게 다짐하겠다."

선생님은 '국기에 대한 맹세'를 외울 때처럼 또박또박 말했다. 곧이어 남자 아이들이 걱정하고 있던 사태가 일어났다. 선생님이 마치 조직 폭력배 소굴을 덮친 형사 반장과 같은 목소리로 이렇게 명령했던 것이다.

"이 평화롭고 신성한 교실에 침입한 '무장 괴한'들은 책상 위에 무기를 올려 놓고 즉각 항복하길 바란다!"

 선생님은 형사 반장과 같은 목소리로 책상 위에 ❻ _____ 을/를 올려놓고 즉각 항복하라고 말씀하셨다.

✦**신성한:** 함부로 가까이할 수 없을 만큼 고결하고 거룩한.

 글의 뒷부분을 읽고, 물음에 답해 보세요.

1 다음과 같은 선생님의 물음에 보미네 반 아이들이 아무 대답도 하지 않은 까닭은 무엇인가요? (   )

> "이 평화스러운 교실 바닥에 총알이 흩어져 있는 까닭이 무엇인고?"

① 친구가 한 일을 선생님께 일러바치고 싶지 않아서
② 교실 청소를 깨끗이 하지 않았다고 야단맞을 것 같아서
③ 교실 바닥에 총알이 흩어져 있는 까닭을 전혀 알 수 없어서
④ 섣불리 나섰다가는 고자질쟁이로 낙인찍혀 왕따 당할 것 같아서

2 보미는 비비탄이 흩어져 있는 교실의 모습을 무엇에 비유했는지 쓰세요.

_____

3 보미네 반 선생님에 대한 설명으로 알맞지 <u>않은</u> 것의 기호를 쓰세요.

> ㉮ 평화를 사랑하고 전쟁을 증오하신다.
> ㉯ 생김새가 마치 조직 폭력배 같아서 무섭게 느껴진다.
> ㉰ 평화롭게 공부하는 교실 분위기를 만들기 위해 애쓰신다.

_____

4 선생님께서 반 아이들에게 명령하신 내용으로 알맞은 것에 ○표 하세요.

(1) 책상 위에 장난감 총을 꺼내 놓으라는 것 (   )
(2) 교실에 침입한 무장 괴한들을 붙잡으라는 것 (   )
(3) 교실 바닥을 지저분하게 만든 사람을 밝혀내라는 것 (   )

 이제 생각을 정리하고, 마음껏 펼쳐 볼까요?

생각 정리

1 보미네 반에서 일어난 일을 차례대로 정리하여 빈칸에 알맞은 말을 쓰세요.

① 교실에 들어서던 보미는 플라스틱 총알에 [   ] 을/를 맞았고, 장난감 총을 쏜 경민이에게 다가갔다.

② 경민이는 보미를 겨누고 쏜 것이 아니라며 사과했지만, 보미는 경민이에게 장난감 총을 내놓지 않으면 학교에 총을 가져온 일에 대해 [   ] 한테 말씀드리겠다고 하였다.

③ 선생님은 교실 바닥에 떨어져 있는 하얀 플라스틱 조각들을 발견하고는 어제 청소 당번이 어느 모둠이었는지 물으셨고, 마침내 비비탄이 [   ] (이)라는 것을 알게 되셨다.

④ 선생님이 교실 바닥에 총알이 흩어져 있는 까닭을 물으셨지만 반 아이들은 아무도 대답하지 않았다.

⑤ 선생님이 [   ] 은/는 자리에서 일어나라고 말씀하셨는데도 반 아이들은 서로 눈치만 보며 앉아 있었고, 자리에서 벌떡 일어선 보미는 선생님 물음이 이상하다고 말했다.

⑥ 보미가 한 말을 통해 교실에 [   ] 을/를 가져온 아이가 많다는 사실을 선생님께 들켜 버렸고, 화가 난 선생님은 평화로운 교실이 [   ] 이/가 되어 버렸다고 말씀하시며 책상 위에 장난감 총을 올려놓으라고 명령하셨다.

1 만약 내가 보미처럼 친구가 쏜 플라스틱 총알에 맞았다면 어떻게 행동했을지 쓰세요.

2 보미네 반 남자아이들이 교실에서 장난감 권총을 가지고 노는 것에 대하여 어떻게 생각하는지 쓰세요.

•••
보미네 반 남자아이들이 학교에 장난감 권총을 가져와 총알까지 쏜 행동에 대해 옳고 그름을 판단하여 보세요.

내 생각

그렇게 생각하는 까닭

3 다음과 같은 일을 겪게 된 보미네 반 남자아이들은 주어진 상황에 어떻게 행동하였을지 짐작하여 쓰세요.

선생님께 총을 빼앗긴 남자아이들은 각각의 상황에서 어떤 행동을 하게 될지 짐작하여 보세요.

> 총을 빼앗긴 남자아이들은 열두 명이나 되었다.
> 게다가 선생님은 그 아이들 부모한테 직접 전화를 걸어 '이러저러한 일로 아이들 총을 빼앗아 두었으니 직접 찾아가시고, 두 번 다시 학교에 총을 가지고 오지 못하도록 교육시켜 달라'고 부탁했다.

이제 더 이상 학교에 총을 가지고 올 수 없게 된 남자아이들은 장난감 권총 놀이를 그만두었을까?

선생님께 권총을 빼앗긴 남자아이들은 앞으로 보미를 어떻게 대할까?

4 다음 속담의 뜻을 살펴보고, 보미네 반에서 일어난 일과 관련지어 알 수 있는 점을 생각하여 쓰세요.

먹을 가까이하면 검어진다.

먹(벼루에 물을 붓고 갈아서 글씨를 쓰거나 그림을 그릴 때 사용하는 검은 물감.)을 만지면 손이 검게 물들고 쉽게 지워지지도 않는다.

초록은 동색

풀색과 녹색은 같은 색이라는 뜻으로, 처지가 같은 사람들끼리 한패가 되는 경우를 비유적으로 이르는 말이다.

5 어린이들이 지나치게 폭력적인 게임이나 영상물 등에 빠져들면 어떤 점에서 문제가 되는지 생각하여 쓰세요.

●●●
우리 생활 주변에서 접할 수 있는 폭력의 위험성이 어린이들에게 어떤 영향을 끼치는지에 대해 생각해 보세요.

요즘 우리 반 아이들에게 인기 있는 게임을 조사해 보니 폭력적인 게임인 경우가 많아.

어린이들이 즐겨 보는 텔레비전 프로그램이나 영화에도 폭력적인 장면이 자주 등장해.

전쟁의 가장 큰 피해자, 아이들

지금 이 순간에도 세계 곳곳에서는 전쟁이 끊이지 않고 있어요. 그리고 엄청나게 많은 사람들이 전쟁으로 인해 죽어 가고 있답니다.

전쟁 속에서 가장 고통을 받는 사람은 누구일까요? 바로, 우리와 같은 아이들입니다.

어른들의 보살핌을 받고 놀이터에서 마음껏 뛰어놀아야 할 어린이들이 전쟁터에서 가족을 잃고 고아가 되거나 심각한 부상을 당해 목숨을 잃기도 합니다. 그뿐만이 아니에요. 당장 먹을 음식도 구할 수 없어 굶주림에 시달리기 일쑤지요. 언제 끝날지 모르는 전쟁으로 생활에 필요한 기본적인 물자는 물론, 아픈 아이들을 치료할 만한 의약품도 구하기 어렵습니다. 일 년에 수만 명이 넘는 아이들이 제대로 된 치료도 받지 못한 채 죽어 가고 있어요.

이와 같이 전쟁으로 고통받는 아이들의 처참한 상황을 널리 알리고, 아이들에게 전쟁 없는 평화로운 세상을 만들어 주려고 노력하는 많은 국제 단체와 사람들이 있어요.

이들은 피해 지역 아이들에게 비상 식량과 의료품을 나눠 주기도 하고, 무기 판매를 중단하고 전쟁에 반대하는 모임을 만들어 활동하기도 한답니다. 또, 전쟁터에 직접 찾아가 피해를 입은 아이들을 구출해 내는 등 다양한 활동을 하고 있습니다.

이런 책도
있어요

린다 수 박, 『우물 파는 아이들』, 개암나무, 2012
김명선, 『평화가 전쟁보다 좋을 수밖에 없는 12가지 이유』, 단비어린이, 2019
차은숙, 『선생님이 들려주는 분쟁 이야기 3』, 생각하는책상, 2014

두 눈을 크게 떠요! 집중력 테스트

[적중률 : 상 ⭐ 중 ⭐ 하]

✱ 할아버지가 키우는 돼지들이 들판에 놀러 나왔어요. 돼지는 모두 몇 마리일까요?

마리

• 정답은 가이드북 13쪽을 확인하세요.

2주

기행문 역사, 문화

武寧王

🎖 독서논술계획표

❯ 공부한 날짜를 쓰고, 끝마친 단계에는 V표를 하세요.

읽기 전			읽는 중					읽은 후		
	월	일		월	일		월	일		월	일
생각 열기	☐		생각 쌓기 1	☐		생각 쌓기 2	☐		생각 정리	☐
낱말 탐구	☐		내용 확인	☐		내용 확인	☐		생각 넓히기	☐

독서 노트   월   일

백제의 숨결,
무령왕릉

심상우

1 박물관에 다녀온 경험을 떠올리며 빈칸에 알맞은 내용을 쓰세요.

●●●

박물관에서 직접 보거나 들은 내용, 생각하거나 느낀 점 등을 기록해 두면 시간이 지나도 오래 기억할 수 있어요.

● 가장 기억에 남는 박물관은 어디인가요?

● 그곳에 누구와 함께 갔나요?

● 그곳에 간 까닭이나 목적은 무엇인가요?

박물관 기행

● 가장 기억에 남는 유물이나 문화재는 무엇인가요?

● 박물관에 다녀와서 생각하거나 느낀 점은 무엇인가요?

2 다음 그림을 보고, 문화재를 관람할 때 지켜야 할 바른 태도나 예절을 생각하여 쓰세요.

•••

문화재를 관람할 때에는 무엇보다 문화재를 소중히 아끼는 마음가짐을 가져야 해요. 또 다른 사람들에게 피해를 주거나 문화재를 훼손하는 행동을 하지 않도록 주의해야 해요.

1 주어진 낱말의 뜻을 잘 살펴보고 보기 에서 알맞은 낱말을 찾아 빈칸에 쓰세요.

보기 고분   발견   발굴   위안   지석   훼손

땅속이나 큰 덩치의 흙, 돌 더미 따위에 묻혀 있는 것을 찾아서 파냄.

헐거나 깨뜨려 못 쓰게 만듦.

미처 찾아내지 못했거나 아직 알려지지 않은 사물이나 현상, 사실 따위를 찾아냄.

아주 먼 옛날에 만들어진 무덤.

죽은 사람에 관한 정보나 무덤이 있는 곳을 적어 무덤 앞이나 옆에 묻는 돌.

위로하여 마음을 편하게 함. 또는 그렇게 하여 주는 대상.

2 주어진 낱자와 관련 있는 내용을 살펴보고, 빈칸에 알맞은 낱말을 쓰세요.

ㅇ　ㄹ　　　왕　　고대　　무덤　　묘지석

예 학생들이 거대한 ☐☐ 주변을 천천히 둘러보고 있다.

ㅂ　ㅜ　ㅘ　　　역사　　수집　　전시실　　문화재

예 이 ☐☐☐에는 백제 때의 유물들이 전시되어 있다.

ㄷ　ㅇ　ㅣ　　　경주　　공주　　개경　　수도

예 조선은 한양을 ☐☐☐로 정하고 둘레에 성을 쌓았다.

❶ 서영이 아버지께서 무령왕릉을 여행한 차례를 살펴보며 글을 읽어 보세요.

백제의 숨결, 무령왕릉

심상우

사랑하는 서영이에게

오늘은 아빠가 공주에 왔다. 서울에서 공주로 올 때는 하늘이 잔뜩 흐렸었는데 지금은 맑게 개었다. 어제 아빠가 공주에 가겠다고 하니까 네가 "백설공주나 인어공주를 만나러 가게요?" 하고 물어서 웃은 생각이 난다. 여기 공주에 백설공주나 인어공주는 없지만 왕과 왕비, 공주로 불린 사람들은 있었다. 물론 지금 있는 것이 아니고 약 1500년 전 백제 시대의 이야기이다.

우리나라가 옛날엔 3개로 나뉘어 삼국 시대로 불린 것에 대해서는 서영이도 알고 있지. 고구려 · 백제 · 신라로 불렸던 세 나라. 이들 세 나라 가운데 백제는 지금의 서울과 충청남도 공주는 물론 전라도 지역까지 다스린 나라지.

옛날 백제 땅이 서울에서 충청남도와 전라도 지역이었으니 서울에서 출발해 공주에 온 아빠는 완전히 백제 땅 안에서 돌아다니게 되는 것이다.

공주 시내로 들어서기 위해서는 금강을 건너야 한다. 옛날에는 어느 곳을 다닐 때 강을 건너는 일이 아주 큰일이었어. 그러나 지금은 강마다 다리가 놓여 있고 자동차 도로가 연결되어 있어 강을 건너는 일이 너무도 손쉬워졌지.

아빠도 아주 쉽게 금강을 건넜다. 무령왕릉은 공주 시내 중앙에 있단다. 무령왕릉 곁에는 커다란 주차장이 마련되어 있어서 많은 차들이 늘어서 있다. 표를 사기 위해서는 무령왕릉이 있는 약간 언덕진 길을 올라가야 한단다.

"엄마, 저 나뭇잎은 무슨 나뭇잎이야?"

서영이 또래쯤 돼 보이는 어떤 아이가 무령왕릉의 울타리에 둘러친 것을 가리키며 묻더구나. 아빠가 대답을 해 줄까 말까 하고 있는데 그 아이 엄마가 대답을 해 주었다.

"저건 나뭇잎이 아니야. 옛날 임금님이 모자에 썼던 장식품을 크게 해서 만들어 놓은 것이야!"

▲ 무령왕 금제 관식
국보 제154호 (출처: 문화재청)

아이는 고개를 끄덕이더니 표 파는 곳으로 갔다. 그 아이 엄마의 설명을 듣고 아빠도 다시 한번 무령왕릉의 울타리를 살펴보았다. 마치 불꽃이 타오르는 듯한 모양을 한 ⁺관장식은 아름답고 화려한 모습으로 임금님의 모자를 더욱 빛내 주었으리라.

 공주는 삼국 시대 ❶＿＿＿＿＿＿＿＿의 도읍지로, 무령왕릉은 공주 시내 중앙에 위치해 있다.

⁺**관장식:** 관(冠: 검은 머리카락이나 말총으로 엮어 만든 쓰개)을 꾸미는 데 쓰던 물건.

▲ 무령왕릉 정문 매표소

드디어 무령왕릉 입구로 들어섰다. 그러나 바로 왕릉 속으로 들어갈 수 있는 것은 아니었다. 왕릉 앞에 왕릉의 모습을 본떠 만들어 놓은 곳에서 무령왕릉에 대한 것을 살필 수 있었다.

무령왕릉은 1971년에 우연히 발견되었단다. 무령왕릉이 있던 자리인 송산리의 고분들은 주인을 알지 못해 1호, 2호, 3호 같은 번호가 매겨져 있었단다. 이미 1호부터 6호까지 발굴되어 백제 시대의 왕이나 왕족의 무덤이라고만 짐작을 하고 있었지.

그러다가 6호분 옆의 배수로 공사를 하다가 새로운 왕릉이 있음을 알리는 벽돌들이 드러났단다. 왕릉의 입구를 막고 있던 벽돌들을 치우고 안으로 들어간 발굴자들은 깜짝 놀라고 말았지.

⁺**배수로**: 물이 빠져나갈 수 있도록 만든 길.

△송산리 고분군 전시관 입구

무령왕릉은 다른 왕릉과 달리 무덤의 주인이 '무령왕과 왕비'라는 사실을 확실히 알려 주는 묘지석이 발견되면서 많은 사람들의 관심을 모으게 되었단다. 이 묘지석의 발견으로 무령왕릉은 우리나라에 있는 수많은 삼국 시대의 옛무덤 가운데 무덤에 묻힌 주인공을 확인할 수 있게 된 유일한 왕릉이 되었단다.

묘지석에 대한 설명은 이렇다.

묘지석은, 무령왕의 관이 놓여 있던 널길 중앙에 돌로 만든 짐승상 앞에서 발견되었다. 왕의 지석은 모두 52글자가 새겨져 있으며, 왕비의 지석에는 41자가 새겨져 있다. 이 지석에는 왕의 이름과 나이, 왕과 왕비가 죽은 날짜 등이 정확하게 기록되어 있다.

▲ 무령왕릉 지석
국보 제163호 (출처: 문화재청)

 묘지석의 발견으로 ❷ _____은/는 우리나라에 있는 수많은 삼국 시대의 옛무덤 가운데 무덤에 묻힌 주인공을 확인할 수 있게 된 유일한 왕릉이 되었다.

✦널길: 고분의 입구에서 시체를 모셔 놓은 방까지 이르는 길.

▲ 송산리 고분군 전시관 내부 전시실

서영아, 정확한 기록이란 참으로 중요한 거야! 아무리 오랜 세월이 흘러도 그때의 상황을 생생하게 적어 논 기록이 있으면 다 알 수 있지.

아빠는 청회색 빛을 띤 지석 앞에서 한동안 머물러 있었다. 그리고 이런 생각을 했다.

'저 지석은 백제로 들어가는 마법의 문이다.'

무령왕이 묻혔을 당시의 모습을 연구하여 다시 만들어 놓은 무덤 속은, 무덤이라는 으스스한 공간이 아니라 잘 지은 벽돌집 같았다. 하긴 무덤이란 것이 사실은 죽은 사람을 위한 집인 것이다. 서영이도 이곳에 오면 그런 느낌을 받을 것이다.

발굴 당시의 모습을 그대로 만들어 놓은 걸 보고 아빠는 새삼스레 깜짝 놀랐단다.

▲ 무령왕릉 내부 (출처: 문화재청)

"1500년 전에 저렇게 만들었다면 너무 잘 만들었다."

컴컴한 전시실에서 아빠는 그렇게 혼자 중얼거렸다.

무령왕릉의 발굴은 우리나라 고대 역사에 있어서 참으로 소중한 의미를 지닌다는 내용이 적혀 있다. 아빠는 그 내용을 그대로 수첩에 적어 두었다.

 한줄톡! 청회색 빛을 띤 지석은 백제로 들어가는 마법의 ❸ ＿＿＿＿＿(이)라는 생각을 했다.

⁺**청회색**: 푸른빛을 띤 회색.

 글의 앞부분을 읽고, 물음에 답해 보세요.

1 서영이 아버지께서 무령왕릉을 보러 간 도시는 어디인지 쓰세요.

✏️ _____

2 서영이 아버지께서 무령왕릉 매표소 앞 울타리에서 본 것에 ○표 하세요.

(1) 나뭇잎 모양의 안내판 (   )

(2) 옛날 임금님이 썼던 모자 (   )

(3) 마치 불꽃이 타오르는 듯한 관장식 모양 (   )

3 무령왕릉에 대한 설명으로 알맞지 <u>않은</u> 것은 무엇인가요? (   )

① 1971년에 우연히 발견되었다.

② 무덤에 묻힌 주인공을 알 수 있는 유일한 왕릉이다.

③ 황토를 곱게 다져 층층이 쌓아 올려 튼튼하게 만들었다.

④ 묘지석이 발견되면서 많은 사람들의 관심을 모으게 되었다.

4 무령왕릉 묘지석의 내용으로 알맞은 것을 두 가지 찾아 기호를 쓰세요.

> ㉮ 왕의 지석에는 52글자, 왕비의 지석에는 41자가 새겨져 있다.
>
> ㉯ 왕의 이름과 나이, 왕과 왕비가 죽은 날짜 등이 정확하게 기록되어 있다.
>
> ㉰ 중국, 일본 등 주변 국가들과 물자를 활발하게 교류하였다는 내용이
> 기록되어 있다.

✏️ _____

⭐ 이어서 다음 글을 읽어 보세요.

이제 전시관이 아닌 실제 무령왕릉을 보러 갈 차례다. 지하 전시실을 벗어나자 눈앞에 커다란 잔디밭과 함께 무덤들이 나타났단다.

맨 앞에 5호, 6호분이 보였으며, 무령왕릉과 조금 거리를 두고 1호, 2호, 3호, 4호분이 보였다. 무령왕릉을 빼놓고 나머지 고분들은 누구의 무덤인지 몰라 1호, 2호, 3호 따위로 불린다. 무령왕릉이 있는 자리 바로 옆에 있는 것으로 보아 왕이나 왕족들의 무덤임에는 틀림이 없다. 하지만 정확하게 그것이 누구의 무덤인지는 알 수가 없다. 무덤 속에 단 하나의 묘지석만 넣어 두었더라도 자신의 이름을 떳떳이 밝힐 수 있었을 텐데…….

무령왕릉의 입구는 동쪽을 향하고 있었다. 그러나 왕릉의 내부는 볼 수 없었다.

아빠와 비슷한 걸음으로 무령왕릉 입구까지 온 사람 중에 누군가 물었다.

"왜 능 안으로 들어갈 수 없나요?"

그러자 그 사람과 같이 온 사람이 대답했다.

▲송산리 고분군 전경

▲ 무령왕릉 입구

"예전에는 저 안으로 직접 들어가 볼 수 있었는데 자꾸 훼손이 되어, 저 아래 전시관을 만들어 놓고 여기 입구는 닫아 놓았습니다."

그 사람 말대로 능 안으로 직접 들어갈 수 없어서 아쉬웠지만, 능 안의 모습은 전시관의 그것과 똑같을 것이라고 생각하며 위안을 삼았다.

아빠는 무령왕릉을 끼고 1호, 2호, 3호, 4호분을 차례로 올라 비탈진 능의 꼭대기까지 올라갔다. 그러자 여러 나지막한 골짜기 사이로 공주 시내의 모습이 곳곳에 보이고 남서쪽으로 금강을 가로지르는 큰 다리가 보였다. 금강은 공주를 지나 백제의 또 다른 도읍지인 부여를 지나 장항을 지나 서해 바다쪽으로 흐른다.

능 둘레의 우거진 소나무 사이로 바람이 불어왔다. 바람은 1500년 전 백제 시대의 그것과 같은 모습으로 불고 있는 것이다. 그 바람에 실려 온 공주의 역사를 제대로 알아보기 위해서 국립공주박물관으로 갔단다.

 한줄톡! 무령왕릉의 입구는 ❹ _____ 을/를 향하고 있었고, 능 안으로 직접 들어갈 수 없어서 아쉬웠다.

국립공주박물관은 무령왕릉에서 채 2킬로미터도 떨어지지 않은 곳에 웅장하게 자리 잡고 있었다.

　　박물관 앞에는 돌탑, 돌부처, 돌로 만든 동물 모양 조각상이 서 있다. 그리고 돌로 만든 커다란 물통인 드므 2개가 입을 딱 벌리고 있다.

　　박물관을 제대로 살펴보기 위해서는 정해진 통로를 따라 차례차례 둘러보는 것이 중요하다.

　　박물관에는 상영실이 설치되어 있어 박물관의 이해를 돕고 있다. 백제에 대한 중요한 내용과 무령왕릉에 대한 자세한 소개가 이어졌다. 아빠는 영상으로 소개되는 내용들을 수첩에 적었다. 나중에 서영이한테 백제에 대해서 잘 설명해 줄게.

　　옆자리에 앉은 중학생쯤 돼 보이는 학생이 같이 온 친구에게 속삭이는 소리도 들을 수 있었다.

"모두 다 무덤에 대한 이야기뿐이네."

그렇다.

오늘날 백제의 모습을 찾을 수 있는 것은 무덤 속에 보관된 것들과 돌로 만든 탑과 돌부처들뿐이다. 삼국 시대는 1500년이 지난 시기이므로.

박물관 제1전시실은 무령왕릉에 대한 것이었다. 무령왕릉은 앞서 이야기한 것처럼 묘지석이 나온 유일한 왕릉이어서 가장 중요하게 전시되고 있다.

제2전시실은 '웅진백제'를 알려 주고 있다. 웅진백제는 백제가 63년 동안 지금의 공주(공주의 옛날 이름이 '웅진'이었다.)에서 도읍을 정하고 지내면서 펼친 역사와 문화를 일컫는다.

깨어진 토기와 녹슨 칼, 조각난 기와가 백제의 옛 모습을 보여 주고 있다.

 국립공주박물관 제1전시실은 무령왕릉에 대한 것이었고, 제2전시실은 ❺ _____ 을/를 알려 주고 있다.

▲ 국립공주박물관 내부 전시실

'저런 것들을 쓰면서 백제 사람들도 행복하게 살았겠지.'

그런 생각을 하면서 박물관을 나왔다. 박물관 앞에는 맑게 갠 하늘 위로 흰 구름이 두둥실 떠가고 있었다. 무령왕릉의 지석 속 마법의 문을 통해 백제 시대로 갔다가 되돌아온 느낌이 들었다. 흰 구름이 환하게 웃고 있다.

아빠는 백제의 마지막 도읍지였던 부여로 가기 위해 공주를 떠난다. 다음에 서영이와 함께 공주를 다시 둘러볼 것을 약속하며 부여에 가서 또 편지할게.

2005년 8월 6일

서영이를 사랑하는 아빠가 공주에서

 아빠는 백제의 마지막 도읍지였던 ❻ _____ (으)로 가기 위해 공주를 떠난다.

△ 공산성에서 바라본 공주 시내

글의 뒷부분을 읽고, 물음에 답해 보세요.

1 고분 1호~6호가 정확하게 누구의 무덤인지 알 수 없는 까닭을 찾아 ○표 하세요.

(1) 후손이 남아 있지 않아서 (   )

(2) 무덤 내부가 아직 발굴되지 않아서 (   )

(3) 무덤 속에서 묘지석이 발견되지 않아서 (   )

2 무령왕릉 내부에 직접 들어가 볼 수 없는 까닭은 무엇인가요? (   )

① 무령왕릉 내부가 무너져 버려서

② 무령왕릉 내부에 있는 유물이 사라져서

③ 무령왕릉 내부로 들어가는 통로가 무척 좁아서

④ 무령왕릉 내부가 자꾸 훼손되어 입구를 닫아 놓아서

3 다음에서 설명하고 있는 '이곳'은 어디인지 쓰세요.

> • 이곳은 무령왕릉에서 2킬로미터 정도 떨어진 곳에 자리 잡고 있다.
> • 이곳에 가면 백제에 대한 역사적 사실과 무령왕릉에 대해 알 수 있다.
> • 이곳을 제대로 살펴보기 위해서는 정해진 통로를 따라 차례차례 둘러 보아야 한다.

✎ _____

4 서영이 아버지께서는 무령왕릉이 있는 공주를 떠나 앞으로 어디로 가신다고 했는지 쓰세요.

✎ _____

이제 생각을 정리하고, 마음껏 펼쳐 볼까요?

1 서영이 아버지께서 이동한 장소를 살펴보면서 빈칸에 알맞은 말을 쓰세요.

① 서울 ➡ ☐

서울에서 출발해 무령왕릉이 있는 공주 시내로 들어가기 위해 금강을 건넘.

② 무령왕릉 매표소 앞 울타리

마치 불꽃이 타오르는 듯한 모양을 한 ☐ 은/는 임금님의 모자를 더욱 빛내 주었을 것 같았음.

③ 송산리 고분군 ☐

왕릉의 모습을 본떠 만들어 놓은 전시관에서 1호~6호의 고분들과 무령왕릉에 대한 것을 살펴봄.

무령왕릉은 다른 왕릉과 달리 무덤의 주인을 확실히 알려 주는 묘지석이 발견되었지.

④ 무령왕릉 내부 모형

발굴 당시의 모습을 그대로 만들어 놓은 무덤 속은 으스스한 공간이 아니라 잘 지은 ☐ 같았음.

⑤ [   ]

입구는 동쪽을 향하고 있었음. 자꾸 훼손이 되어 입구를 닫아 놓아 왕릉의 내부를 직접 볼 수 없어 아쉬웠음.

⑥ 능의 꼭대기

비탈진 능의 꼭대기에 올라 공주 시내의 모습과 [   ]을/를 가로지르는 다리를 봄.

⑦ [   ]

제1전시실은 무령왕릉, 제2전시실은 웅진백제에 대한 것이었음. 깨어진 토기와 녹슨 칼, 조각난 기와가 백제의 옛 모습을 보여 주고 있음.

⑧ 공주 ➡ [   ]

백제의 마지막 도읍지였던 부여로 가기 위해 공주를 떠남.

1 다음 무령왕릉에서 발견된 문화재를 바탕으로 하여 무령왕이 살았던 당시의 모습은 어떠하였을지 짐작하여 쓰세요.

무령왕릉에서 발굴한 각종 유물과 자료 등을 통해 1500년 전 백제의 문화와 역사를 짐작하여 보세요.

나는 묘지석이야. 무령왕이 523년 62세로 돌아가셨다는 것과 무령왕릉이 만들어진 때를 정확하게 알 수 있지.

✎ ------------------------------------

나는 523년에 철로 만들어진 동전이야. 원래 중국에서 사용하던 화폐였지.

✎ ------------------------

나는 금으로 만든 귀걸이야. 무령왕이 사용하던 것으로, 무척 화려하고 아름답지.

✎ ------------------------

----

2 다음은 국립공주박물관에 전시되어 있는 무령왕릉 석수의 모습입니다. 석수의 모습과 형태를 자세히 표현하여 보고, 무령왕릉에 석수를 넣어 둔 까닭은 무엇일지 쓰세요.

●●●
석수(石獸)는 궁이나 무덤을 지키게 하려고 돌로 상상의 동물을 새겨 만든 조각이에요.

나는 무령왕릉을 지키는 상상의 동물이야. 무령왕릉 발굴 당시에 첫 번째로 발견되었어.

▲ 무령왕릉 석수
국보 제162호 (출처: 문화재청)

석수의 모습과 형태는 어떠한가요?

✎

무령왕릉 안에 석수를 넣어 둔 까닭은 무엇일까요?

✎

3 현재 우리가 생활하는 모습을 천 년 뒤의 미래 세대에게 알려 주기 위해 타임캡슐을 만들려고 합니다. 타임캡슐 안에 넣고 싶은 물건을 세 가지 떠올려 보고, 그 까닭을 각각 쓰세요.

●●●
타임캡슐은 그 시대를 대표하는 기록이나 물건을 담아서 후세에 온전히 전할 목적으로 고안한 용기로, 기억 상자라고도 해요. 대개 땅속에 묻어 두지요.

타임캡슐에는 그 시대를 대표하는 기록이나 물건을 담아 두지.

그 까닭

을/를 넣고 싶다.

그 까닭

을/를 넣고 싶다.

그 까닭

을/를 넣고 싶다.

4 앞으로 내가 여행하고 싶은 곳을 떠올려 보고, 빈칸에 알맞은 내용을 쓰세요.

•••
앞으로 여행하고 싶은 곳, 여행 동기 및 목적, 그곳을 여행하기 전에 알아보아야할 점을 구체적으로써 보세요.

여행하고 싶은 곳

그곳을 여행하고 싶은 까닭

그곳에서 알아보고 싶은 내용

미리 조사할 내용

백제의 화려한 예술품, 금속 공예

무령왕릉에서는 다양한 금속 공예품들이 발굴되었어요.

백제 금속 공예품의 특징을 가장 잘 보여 주는 대표적인 작품으로는 무령왕과 무령왕비의 금제 장식품과 귀걸이를 비롯하여 부여 능산리, 나주 신촌리, 익산 입점리 고분에서 발굴된 금속 공예품들이 있어요.

이 공예품들을 자세히 살펴보면 1500년 전에 만들어졌다고는 믿기 어려울 만큼 다양한 기술이 반영되어 있을 뿐 아니라, 뛰어난 예술성과 아름다움까지 갖추고 있지요. 현대에 만들어진 귀금속과 견주어 보아도 결코 뒤지지 않는답니다.

▲ 무령왕 금귀걸이 (국보 제156호)

▲ 무령왕 금제 뒤꽂이 (국보 제159호)

▲ 익산 입점리 고분에서 발굴된
백제 금동제 신발

▲ 부여 능산리에서 발굴된
백제 금동대향로 (국보 제287호)

▲ 나주 신촌리 9호 무덤에서
발굴된 금동관 (국보 제295호)

(출처: 문화재청)

이런 책도
있어요

서선연, 『세상 밖으로 나온 백제』, 개암나무, 2016
허문선, 『두루두루 살펴보는 우리 왕릉』, 현암사, 2013
유홍준 · 김경후, 『10대들을 위한 나의 문화유산답사기 2』, 창비, 2019

두 눈을 크게 떠요! 집중력 테스트

[난이도 : 상 중 하]

✱ 우리 동네에서 가장 유명한 인형 공장에 구경을 왔어요!
인형 공장에 숨어 있는 15개의 물건을 찾아보세요.

● 정답은 가이드북 13쪽을 확인하세요.

3주

명작 동화 사회, 문화

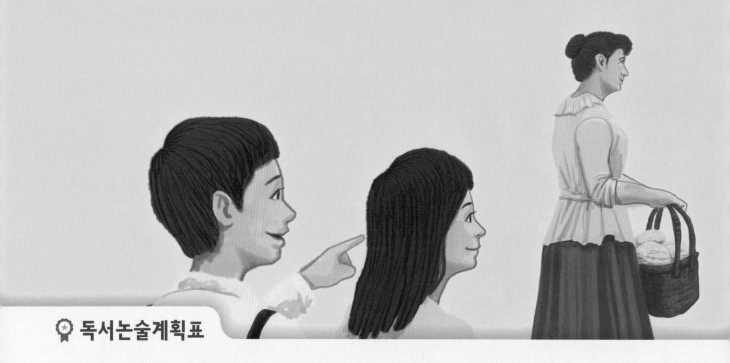

⭐ 독서논술계획표

❯ 공부한 날짜를 쓰고, 끝마친 단계에는 V표를 하세요.

읽기 전		읽는 중				읽은 후	
월	일	월	일	월	일	월	일
생각 열기	☐	생각 쌓기 1	☐	생각 쌓기 2	☐	생각 정리	☐
낱말 탐구	☐	내용 확인	☐	내용 확인	☐	생각 넓히기	☐

독서 노트　　월　　일

돌멩이 수프

마샤 브라운

읽기 전

1 다음 그림과 관련 있는 한자 성어 '십시일반'에는 어떤 가르침이 담겨 있을지 생각하여 쓰세요.

●●●
한자 성어는 한자로 이루어진 말로, 대개 옛 조상들이 후세에게 주는 가르침을 담고 있는 경우가 많아요.

十	匙	一	飯
열 십	숟가락 시	하나 일	밥 반

열 사람이 자기 밥그릇에서 한 숟가락씩 덜어 보태면 한 사람이 먹을 수 있는 밥 한 그릇이 된다.

2 우리 주변에는 가난과 질병, 전쟁 등으로 고통 받는 전 세계 어린이들을 돕기 위한 여러 단체가 있어요. 사람들이 얼굴도 본 적 없는 먼 나라 어린이들에게 돈이나 물자를 보내 주는 까닭은 무엇이겠는지 쓰세요.

형편이 어려운 이웃이나 불우 아동을 돕는 일에 직접 봉사를 하거나 성금을 보내는 까닭을 생각해 보세요.

3 어려움을 겪고 있거나 도움이 필요한 사람들을 위해서 자신이 한 일을 떠올려 쓰세요.

낱말 탐구

1 다음 빈칸에 알맞은 낱말을 **보기** 에서 찾아 쓰세요.

보기　　개　　끼　　잔　　그릇　　자루　　포기

목장에 가서 신선한 우유 한 ☐ 을/를 마셨다.

어머니는 시장에서 배추 세 ☐ 을/를 사 오셨다.

남동생 혼자 커다란 빵을 세 ☐ 나 먹었다.

큰아버지께서 옥수수를 두 ☐ 나 짊어지고 오셨다.

아침밥을 한 ☐ 만 굶어도 기운이 없다.

눈 깜짝할 사이에 자장면 한 ☐ 을/를 먹어 치웠다.

2 낱말과 관련 있는 내용을 살펴보고, 알맞은 낱말을 찾아 ○표 하세요.

| 푸짐하다 | 귀하다 | 잔치 | 맛있다 |

어머니께서 내 생일날에 반찬 , 진수성찬 을 차려 주셨다.

| 높다 | 물건 | 보관하다 | 천장과 지붕 사이 |

우리는 다락방 , 사랑방 에 숨어 몰래 만화책을 읽었다.

| 넓다 | 모이다 | 사람들 | 빈터 |

환영 행사가 끝난 광장 , 시장 은 쓰레기로 지저분했다.

| 떠나다 | 손님 | 작별 | 인사 |

가족 모두가 공항까지 나와 배웅 , 배회 을/를 했다.

돌멩이 수프

마샤 브라운

군인 세 명이 낯선 시골 길을 터벅터벅 걸어갔어요. 전쟁터에서 집으로 돌아가는 길이었죠. 군인들은 몹시 피곤한데다 배도 고팠어요. 지난 이틀 동안 아무것도 먹지 못했거든요.

"오늘 밤 따뜻한 밥 한 끼 먹을 수 있다면 얼마나 좋을까?"

첫 번째 군인이 말했어요.

"그리고 포근한 침대에서 잘 수 있다면!"

두 번째 군인이 말했어요.

"하지만 다 꿈같은 얘기야. 계속 걷기나 하자."

세 번째 군인이 말했어요.

군인들은 계속 길을 걸어갔어요.

그때 갑자기 눈앞에 마을의 불빛이 나타났어요.

"마을에서 먹을 것 좀 구해 볼까?"

첫 번째 군인이 말했어요.

"하룻밤 재워 달라고도 해 보자."

두 번째 군인이 말했어요.

"물어봐서 나쁠 건 없지."

세 번째 군인이 말했어요.

✦**꿈같은:** 덧없고 허무한.

하지만 마을에서는 낯선 이들을 반가워하지 않았어요. 군인들이 오고 있다
는 소식이 전해지자, 마을 사람들은 수군거리기 시작했지요.

"군인들이 오고 있어. 군인들은 언제나 배가 고프지. 하지만 우리 먹을 것
도 모자란 형편인걸."

 마을 사람들은 낯선 ❶＿＿＿＿＿＿＿＿＿ 을/를 반가워하지 않았습니다.

마을 사람들은 집으로 달려가 먹을 것을 숨겼어요.

보리 자루는 다락의 건초* 더미 아래 숨기고, 우유 통은 우물 속에 넣어 두었죠. 당근 상자는 낡은 누비이불로 덮었어요. 양배추와 감자는 침대 밑에 숨기고, 고기는 지하실에 매달아 두었죠.

먹을 것을 모조리 감춘 뒤, 사람들은 군인들을 기다렸어요.

군인 세 명이 가장 먼저 간 곳은 폴과 프랑수아즈네 집이었어요.

"안녕하세요."

군인들이 인사했어요.

"혹시 배고픈 우리에게 나누어 줄 음식이 있나요?"

"우리도 사흘 동안 먹을 거라곤 구경도 못 했소."

폴이 말했어요.

프랑수아즈가 슬픈 표정을 지었어요.

"올해는 흉년이라서요."

군인들은 알베르와 루이즈네 집으로 갔어요.

"혹시 남는 음식 없습니까? 그리고 오늘 밤 우리가 잘 만한 허름한 방도요."

"안됐지만 없네요."

알베르가 말했어요.

"먼저 다녀간 군인들이 다 먹어 버렸답니다."

"남는 침대도 없고요."

루이즈가 말했습니다.

뱅상과 마리의 대답도 똑같았어요. 흉년이 들었고, 남은 곡식은 모두 씨앗으로 써야 한다고요.

* **건초:** 사료나 퇴비 등으로 쓰려고 베어서 말린 풀.

마을을 다 다녀도 군인들은 계속 *허탕만 쳤어요. 먹을 게 있는 집은 하나도 없었거든요. 모두 그럴 만한 이유가 있었지요. 어떤 집은 가축을 먹여야 했고, 또 어떤 집은 병든 아버지의 먹을 걸 챙겨야 했으니까요.

모두 먹고살아야 할 식구가 너무 많았어요.

마을 사람들은 길에 나와서 안타깝게 한숨을 쉬었어요. 그리고 애써 배고픈 표정을 지어 보였죠.

군인 세 명은 쏙닥쏙닥 이야기를 나누었어요.

 마을 사람들은 군인들에게 ❷ _____ 과/와 잠자리를 내어 주지 않았습니다.

✦**허탕**: 어떤 일을 시도하였다가 아무 소득이 없이 일을 끝냄. 또는 그렇게 끝낸 일.

얼마 뒤에 첫 번째 군인이 소리쳤어요.

"여러분!"

마을 사람들이 가까이 다가갔어요.

"우리는 배고픈 군인들입니다. 낯선 마을에서 먹을 것을 좀 얻어 볼까 했지만, 마을 사람들 먹을 것도 부족하군요. 그래서 우리는 할 수 없이 돌멩이 수프를 만들어 먹기로 했습니다."

마을 사람들은 깜짝 놀랐어요.

'돌멩이 수프라고?'

'도대체 그게 뭐지?'

"먼저 커다란 쇠솥 하나만 빌려 주십시오."

군인들이 말했어요.

사람들은 마을에서 가장 큰 솥을 가지고 나왔어요.

그래야 수프를 양껏 끓일 수 있을 테니까요.

한줄톡! 배고픈 군인들은 할 수 없이 ❸ _____ 을/를 만들어 먹기로 했습니다.

글의 앞부분을 읽고, 물음에 답해 보세요.

1 전쟁터에서 집으로 돌아가는 군인들의 상태로 알맞은 것에 ○표 하세요.

(1) 몹시 피곤하고 배가 고팠다. ( )

(2) 승리의 기쁨으로 가득 차 있었다. ( )

(3) 곧 가족을 만날 생각에 마음이 들떠 있었다. ( )

2 마을 사람들은 군인들이 오고 있다는 소식을 듣고 나서 어떤 행동을 했나요?

( )

① 군인들에게 대접할 음식을 마련하였다.

② 군인들이 머물다 갈 다락방을 청소하였다.

③ 먹을 것을 모조리 감춘 뒤에 군인들을 기다렸다.

④ 군인들을 성대하게 맞이하기 위하여 잔치를 벌였다.

3 마을 사람들이 군인들에게 설명한 자신들의 상황으로 알맞지 <u>않은</u> 것의 기호를 쓰세요.

㉮ 흉년이 들어 먹을 것이 부족하다.

㉯ 모두 먹고살아야 할 식구가 너무 많다.

㉰ 전쟁이 나서 집들이 부서지고 농사도 지을 수 없다.

✎ _____

4 배고픈 군인들은 커다란 쇠솥을 빌려 무엇을 만들려고 했는지 쓰세요.

✎ _____

⭐ 이어서 다음 글을 읽어 보세요.

"솥이 그다지 크지는 않지만, 이 정도면 대충 쓸 수 있겠네요. 이제 물을 넣고 불을 지펴 볼까요?"

커다란 쇠솥을 가득 채우는 데는 물이 몇 양동이나 들어갔어요.

군인들은 마을 광장에 모닥불을 지피고, 물을 끓이기 시작했어요.

"이제 큼지막하고 매끈한 돌멩이 세 개를 구해 주시면 고맙겠습니다."

그 정도야 쉽게 구할 수 있었죠.

군인들은 건네받은 돌을 솥에 넣었고, 마을 사람들은 눈을 동그랗게 뜨고 지켜보았어요.

"수프에는 소금과 후추가 있어야죠."

군인들이 솥을 저으며 이렇게 말하자, 아이들이 달려가서 소금과 후추를 가져왔어요.

"이런 돌멩이면 아주 맛있는 수프가 될 거예요. 아, 하지만 당근이 좀 있으면 수프 맛이 훨씬 좋아질 텐데……."

"그러고 보니 우리 집에 당근이 두어 개 있는 것 같네요!"

프랑수아즈가 그렇게 말하고 달려갔어요. 그리고 붉은 누비이불 아래 감추었던 당근을 앞치마 가득 담아 왔죠.

"돌멩이 수프에는 양배추를 넣어야 제 맛인데!"

군인들이 당근을 잘라 넣으면서 말했어요.

"하지만 없는 걸 부탁해 봐야 소용없겠죠."

"찾아보면 어딘가 양배추 한 포기는 있을지도 몰라요."

마리가 그렇게 말하고 얼른 집으로 갔어요. 그리고 침대 밑에 숨겨 둔 양배추 세 포기를 가지고 돌아왔답니다.

"쇠고기 약간하고 감자 몇 개만 있으면, 부잣집 식탁에도 오를 만한 훌륭한 수프가 될 텐데."

그 말을 듣자, 마을 사람들은 침대 밑에 감추어 둔 감자와 지하실에 매달아 둔 쇠고기가 떠올랐어요. 사람들은 곧장 달려가 모두 가져왔지요.

돌멩이 몇 개로 부잣집 식탁에 오를 만한 수프를 만들다니, 정말 마술 같은 얘기였어요!

 군인들은 ❹_____ 세 개에 마을 사람들이 가져온 소금과 후추, 당근, 양배추, 감자, 쇠고기를 더 넣어 부잣집 식탁에 오를 만한 수프를 만들었습니다.

"아."

군인들이 쇠고기와 감자를 넣고 저으면서 한숨을 쉬었어요.

"보리 조금하고 우유 한 잔만 있다면 얼마나 좋을까? 그러면 이 수프는 임금님께 드려도 좋을 만큼 맛있을 거예요. 지난번에 우리가 임금님과 식사했을 때, 임금님이 꼭 이런 수프를 원하셨거든요."

마을 사람들은 서로를 바라보았어요.

'이 군인들이 임금님과 함께 식사를 했다고?'

"하지만 없는 걸 달라고 할 수는 없지요."

군인들은 다시 한숨을 내쉬었어요.

사람들은 다락에서 보리 자루를 내리고, 우물에서 우유 통을 꺼냈어요. 군인들은 마을 사람들이 보는 앞에서 보글보글 끓는 수프에 보리와 우유를 넣고 계속 저었어요.

마침내 수프가 완성되었습니다.

"모두 한 그릇씩 드세요. 하지만 먼저 상을 차려야겠네요."

군인들이 말했어요. 사람들은 커다란 식탁을 가져다 마을 광장에 내놓았어요. 광장 주변에는 횃불을 환하게 밝혔고요.

이렇게 신기한 수프가 있다니! 게다가 이 맛있는 냄새!

정말로 임금님이 드실 만했죠. 마을 사람들은 서로 물었어요.

"빵하고 같이 먹으면 더 맛있지 않을까? 구운 고기하고 사과술도?"

그래서 식탁에는 금세 잔치 음식이 푸짐하게 차려졌고, 사람들은 모두 자리에 앉아 음식을 나누어 먹었어요.

그런 진수성찬은 처음이었어요. 그렇게 맛난 수프도 처음이었고요. 게다가 돌멩이로 만든 수프라니요!

사람들은 먹고 마시고, 또 먹고 마셨어요. 그리고 모두 춤을 추었죠.

밤이 깊도록 사람들은 즐겁게 춤을 추며 노래했어요.

잔치가 끝나 갈 무렵 군인들이 물었어요.

"혹시 우리가 잘 만한 허름한 다락방이 없을까요?"

"이렇게 똑똑하고 훌륭한 신사분들이 다락방에서 자겠다고요? 말도 안 돼

요! 여러분은 우리 마을에서 가장 좋은 침대에서 자야 해요."

그래서 첫 번째 군인은 신부님 집에서 잤고, 두 번째 군인은 빵 장수네 집

에서, 세 번째 군인은 시장님 집에서 잤답니다.

 한줄톡! 마침내 수프가 완성되자, 사람들은 모두 푸짐하게 차려진 ❺＿＿＿＿＿＿＿＿＿＿ 을/를 먹

고 마시며 즐거워했습니다.

다음 날 아침, 온 마을 사람들이 광장에 나와서 군인들을 배웅했어요.

"정말 고마워요. 덕분에 아주 귀한 걸 배웠어요."

마을 사람들이 군인들에게 말했어요.

"이제 우리에겐 배고플 일이 없을 거예요. 돌멩이 수프를 만들 줄 알게 되었

으니까요."

"그럼요, 방법만 알면 아주 간단해요."

군인들은 그렇게 말하고 길을 떠났습니다.

"정말 보기 드문 젊은이들이야."

 마을 사람들은 군인들을 배웅하며 덕분에 ❻ _____ 을/를 만들 줄 알게 되었
다고 고마워했습니다.

글의 뒷부분을 읽고, 물음에 답해 보세요.

1 돌멩이 수프에 들어간 재료가 <u>아닌</u> 것을 보기 에서 두 가지 찾아 쓰세요.

> 보기 감자 당근 보리 사과 우유 고구마 양배추 쇠고기

✎ _____

2 마을 사람들이 돌멩이 수프를 나누어 먹은 뒤에 깨달은 점은 무엇인가요?

( )

① 돌멩이도 나름대로 쓸모가 있다.
② 전쟁을 빨리 끝내고 평화롭게 살아야 한다.
③ 서로 조금씩 나누면 어려움을 이겨 낼 수 있다.
④ 맛있는 음식을 배불리 먹고 즐겁게 살아야 행복하다.

3 군인들이 돌멩이 수프를 만든 까닭으로 알맞은 것에 ○표 하세요.

(1) 새로운 수프를 만들어 보려고 ( )
(2) 욕심 많은 마을 사람들을 골려 주려고 ( )
(3) 마을 사람들에게 나눔의 기쁨을 일깨워 주려고 ( )

4 군인들이 한 일에 대하여 바르게 말한 것의 기호를 쓰세요.

> ㉮ 요리 솜씨가 뛰어나서 돌멩이로 맛있는 수프를 만들었다.
> ㉯ 마을 사람들에게 욕심을 버리고 함께 나누는 방법을 알려 주었다.
> ㉰ 자신의 배고픔을 해결하려고 얕은 꾀를 써서 마을 사람들을 속였다.

✎ _____

이제 생각을 정리하고, 마음껏 펼쳐 볼까요?

생각 정리

1 군인들과 마을 사람들이 한 일을 차례대로 정리하여 빈칸에 알맞은 말을 쓰세요.

①

② 군인들이 온다는 소식이 전해지자, 마을 사람들은 집 안 곳곳에 [   ]을/를 모조리 감추었다.

③ 군인들이 온 마을을 돌아다녔지만 마을 사람들은 먹을 것과 잠잘 곳을 내어 주지 않았다.

④ 배고픈 군인들은 돌멩이 수프를 만들어 먹기로 하고, [   ]에서 모닥불을 지피고 커다란 쇠솥에 물을 끓이기 시작했다.

⑤ 군인들은 커다란 쇠솥에 큼지막하고 매끈한 [   ] 세 개를 넣었고, 마을 사람들이 가져온 소금과 후추, 당근, 양배추, [   ], 감자, 보리, [   ]을/를 넣어 맛있는 수프를 완성했다.

⑥ 군인들과 마을 사람들은 [   ]과/와 푸짐한 음식을 나누어 먹으며 즐겁게 춤을 추며 노래했다.

⑦

⑧ 다음 날 아침, 마을 사람들은 돌멩이 수프 만드는 방법을 알려 준 지혜로운 군인들에게 [   ] 마음을 전하며 배웅해 주었다.

생각 넓히기

1 배고픈 군인들이 찾아왔을 때 마을 사람들이 먹을 것을 모조리 감추고 나누어 주지 않은 행동에 대하여 어떻게 생각하는지 쓰세요.

• • •
먹을 것을 집 안 곳곳에 숨겨 놓고서 나누어 주지 않은 마을 사람들의 행동에 대한 자신의 생각을 정리해 보세요.

내 생각

✎

그렇게 생각하는 까닭

✎

----

2 군인들을 대하는 마을 사람들의 태도는 어떻게 달라졌는지 비교하여 보고, 돌멩이 수프를 만들어 먹으면서 마을 사람들이 무엇을 깨달았는지 쓰세요.

•••
마을 사람들이 마음을 열고 조금씩 재료를 가져와 수프에 넣었더니 훌륭한 수프가 만들어졌다는 점을 생각해 보세요.

군인들이 마을에 처음 들어왔을 때

군인들이 돌멩이 수프를 만들 때

돌멩이 수프를 만들어 먹으면서 마을 사람들이 깨달은 점

3 다음 친구들의 대화를 살펴보고, 돌멩이로 수프를 만든 군인들의 행동에 대한 내 생각을 정리하여 쓰세요.

마을 사람들이 가져온 온갖 재료로 만든 수프가 군인들이 만든 돌멩이 수프라고 할 수 있는지 생각해 보고, 그렇게 생각한 까닭을 써 보세요.

돌멩이로 수프를 만든다더니 온갖 재료를 넣어 수프를 만들었어. 결국 군인들은 배고픔을 해결하려고 마을 사람들을 속인 게 아닐까?

군인들이 돌멩이 수프를 만들지 않았다면 마을 사람들은 달라지지 않았을 거야. 마을 사람들도 군인들에게 돌멩이 수프 만드는 방법을 배워서 고마워했잖아?

군인들의 행동에 대한 내 생각

그렇게 생각하는 까닭

4 만약 마을 사람들이 마음을 바꾸지 않고 군인들에게 먹을 것과 잠잘 곳을
마련해 주지 않았다면 어떤 일이 일어났을지 상상하여 쓰세요.

•••
내가 가진 것을 다른
사람들과 나누지 않
고 살아간다면 더 불
행해질 수도 있다는
점을 생각해 보세요.

마을 사람들이 돌멩이
수프에 넣을 음식 재료를
가져오지 않았다면?

✐

마을 사람들이 군인들에게
잠잘 곳을 마련해 주지
않았다면?

✐

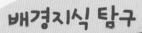
조화와 화합의 뜻이 담긴 음식 – 비빔밥

비빔밥은 흰밥 위에 갖가지 나물과 고기 등을 얹어 양념장에 비벼 먹는 음식으로, 외국인들에게도 인기 있는 우리나라의 대표 음식입니다. 비빔밥은 제철에 나는 여러 가지 재료를 사용하여 간단하면서도 영양적으로 균형이 잡혀 있는 음식이지요.

▲ 비빔밥

비빔밥은 주재료나 지역에 따라 고유의 특징을 가지고 있으며 이름과 종류가 다양해요. 대표적으로 콩나물과 육회를 얹어 먹는 전주비빔밥, 숙주나물과 양념한 육회를 얹고 선짓국을 곁들여 먹는 진주비빔밥, 생미역과 톳을 얹어 먹는 통영비빔밥 등이 유명합니다.

비빔밥에 들어가는 재료들은 각각 다른 맛과 특성을 가지고 있지만, 흰밥 위에 다양한 재료를 넣고 쓱쓱 비비면 부드럽고 깔끔한 맛의 비빔밥이 탄생합니다. 즉, 비빔밥에 들어가는 고추장, 간장, 된장 등이 각각의 재료와 조화를 이루고 서로 잘 어우러질 수 있도록 화합시키는 역할을 하는 것이죠.

비빔밥에 담긴 조화와 화합의 정신은 오늘날에도 이어지고 있어요. 각 지역의 유명한 행사나 축제 현장에서는 커다란 그릇 위에 갖가지 재료로 비빔밥을 만들어 함께 나누는 모습을 자주 볼 수 있답니다.

이런 책도 있어요

에릭 매던, 『못 수프』, 한국톨스토이, 2014
조대인, 『팥죽 할머니와 호랑이』, 보림, 1997
김진락, 『기다란 젓가락』, 조선소리봄인성연구소, 2017

자유롭게 그려요! **창의력 테스트**

[난이도 : 상 중 하]

✸ 그림 속 사람들의 표정을 상상하여 그려 보고, 엄마의 생각 주머니에 알맞은 말을 써 넣으세요.

어디 보자.

● 정답은 가이드북 13쪽을 확인하세요.

4주

지식 동화 과학, 기술

✪ 독서논술계획표

❯ 공부한 날짜를 쓰고, 끝마친 단계에는 V표를 하세요.

읽기 전				읽는 중				읽은 후	
월	일		월	일		월	일	월	일
생각 열기	☐		생각 쌓기 1	☐		생각 쌓기 2	☐	생각 정리	☐
낱말 탐구	☐		내용 확인	☐		내용 확인	☐	생각 넓히기	☐

독서 노트　　　월　　　일

우리 교실에
벼가 자라요

박희란

생각 열기

1 식물이나 곡식이 자라는 환경을 생각해 보고, 다음 장소에서는 어떤 식물이나 곡식이 자라는지 쓰세요.

•••

식물이나 곡식은 자라는 장소나 환경이 각각 다르답니다. 여러 가지 식물 가운데에서 사람의 식량이 되는 쌀, 보리, 콩, 조, 기장, 수수, 밀, 옥수수 따위를 통틀어 '곡식'이라고 해요.

논이나 밭

벼, 보리,

우리 교실 창가

채송화, 강낭콩,

우리 집

봉숭아, 꽃기린,

2 다음은 우리 조상들이 농사를 짓는 데 쓰던 농기구입니다. 사진을 잘 살펴보고, 알맞은 농기구의 이름을 보기에서 찾아 빈칸에 쓰세요.

● ● ●

농기구는 농사일을 할 때 쓰는 도구를 말해요. 우리 조상들이 농사를 매우 중요하게 여겼던 만큼, 농사를 짓는 데 쓰는 도구들도 다양하게 발달했어요. 요즘 농촌에서는 농기계를 사용하여 농사를 짓는답니다.

보기   낫   키   지게   호미

곡식이나 풀 따위를 베는 데 쓰는 ▢

논밭을 가는 데 쓰는 쟁기

쭉정이를 골라 내는 데 쓰는 ▢

짐을 얹어 옮기는 데 쓰는 ▢

잡초나 고구마를 캘 때 쓰는 ▢

논의 바닥을 고르는 데 쓰는 써레

(출처: 국립민속박물관)

낱말 탐구

1 다음에서 설명하는 내용을 잘 읽고, **보기** 에서 알맞은 낱말을 찾아 빈칸에 쓰세요.

| 보기 | 논 | 모 | 논둑 | 모판 |

☐ : 물을 대어 주로 벼를 심어 가꾸는 땅.

☐ : 논의 가장자리에 높고 길게 쌓아 올린 방죽.

☐ : 논으로 옮겨 심기 위하여 기른 벼의 싹.

☐ : 볍씨를 뿌려 모를 키우기 위하여 만들어 놓은 곳.

2 다음 뜻을 가진 낱말이 되도록 보기 에서 알맞은 글자를 찾아 빈칸에 쓰세요.

보기	가	허	기	비	수	아
	추	분	무	공	정	

가을에 논과 밭에서 잘 익은 곡식이나 작물 등을 거두어들임.

기술이나 힘 등을 이용해 원료나 재료를 새 로운 제품으로 만들거나 제품의 질을 높임.

물이나 약품 등을 안개처럼 뿜어내는 도구.

암수의 생식 세포가 하나로 합쳐져 새로운 개체를 이룸. 또는 그런 현상.

곡식을 해치는 새나 짐승을 막기 위해 막대기, 짚, 헝겊 따위로 만들어 논밭에 세우는 사람 모양의 물건.

생각 쌓기

💡 교실에서 벼가 자라는 과정을 생각하며 다음 글을 읽어 보세요.

우리 교실에 벼가 자라요

박희란

도연이와 반 친구들은 농업박물관으로 현장 학습을 갔어요.

⁺선사 시대부터 지금까지 어떻게 농사를 지어 왔는지 한눈에 볼 수 있었지요. 처음 보는 농기구도 많았어요. 지금은 콤바인, 경운기 같은 기계로 편리하게 농사를 짓지만 예전에는 호미, 낫, 써레, 지게 같은 기구들을 사용해서 모든 일을 사람의 힘으로 했대요. 친구들은 낯선 농기구 구경에 흠뻑 빠졌어요. 하지만 도연이는 전시장 한가운데 우뚝 서 있는 못난 허수아비를 흉내 내는 게 훨씬 재미있었어요.

⁺**선사 시대:** 역사를 문자로 기록하기 전 시대. 석기 시대와 청동기 시대를 이름.

다음 날, 선생님은 볍씨를 한가득 갖고 오셨어요.

"자, 오늘부터 너희들은 꼬마 농부란다. 직접 볍씨를 심어서 벼농사를 지을

거야."

아이들 중에는 농기구는 물론이고 볍씨도 어제 처음으로 박물관에서 본 친

구들도 있었지요. 그런데 농부라고요?

"선생님, 우린 논이 없는데 어디에 볍씨를 심어요?"

반장이 물었어요. 선생님은 미소를 지으며 대답했지요.

"다 방법이 있지! 우선 우유 상자를 깨끗하게 씻어 올까?"

"얇은 천을 우유 상자 속에 깔고, 그 위에 볍씨를 올려놓으렴. 이제부터 이

상자는 볍씨가 자랄 방이란다. 이 안에서 볍씨가 눈을 뜨고 싹을 틔울 거야."

도연이는 볍씨가 엄마 배 속의 아기 같았어요.

 한줄톡! ❶ _____ 속에 얇은 천을 깔고, 그 위에 볍씨를 올려놓아 볍씨가 자랄 방을
만들었습니다.

볍씨 방은 교실에서 가장 햇빛이 따뜻하고 바람이 잘 통하는 창가에 두었어요.

과연 누구의 볍씨가 가장 부지런할까요?

"내 볍씨에서 제일 먼저 싹이 날 거야!"

"아니야, 내 볍씨가 일등일 거야!"

아이들은 모두 기대에 부풀었습니다.

"싹이 나려면 꼭 필요한 게 있어. 그게 뭘까?"

선생님의 질문에 도연이가 자신 있게 대답했지요.

"물이요! 물 없이 살 수 있는 것은 없어요."

"맞았어, 바로 물이야. 볍씨가 마르지 않게 물을 주어야 해. 그런데 너무 많이 주면 볍씨가 썩을 수 있으니 조금씩 자주 주어야 한단다."

도연이는 입속에 물을 넣고 인간 분무기가 되어 볍씨에 물을 뿜었습니다.

물방울들이 보슬보슬 봄비가 되어 볍씨 위에 촉촉히 내려앉았어요.

"야호, 내가 일등이다! 선생님, 볍씨에서 싹이 났어요!"

우유 상자에 볍씨를 넣은 지 삼 일째 되던 날, 드디어 도연이의 볍씨에서 작고 하얀 싹이 뾰족하게 돋아났어요.

"우아, 콩나물처럼 꼬불꼬불하네. 진짜 신기하다."

"내 볍씨에서도 작은 싹이 보여. 빨리빨리 자라렴."

다른 친구들의 우유 상자에서도 싹들이 꿈틀대고 있었어요.

아이들의 마음은 어느새 ⁺황금 들판으로 달려가고 있었지요.

"이제 볍씨가 흙으로 이사를 가도 되겠는걸."

아이들은 선생님의 설명에 따라 볍씨를 조심스럽게 꺼낸 후 우유 상자에 흙을 담았어요. 그리고 손가락으로 흙을 꾹 눌렀지요. 그 안에 싹이 튼 볍씨를 넣고 흙을 살살 덮어 주었습니다.

 우유 상자에 볍씨를 넣은 지 삼 일째 되던 날, 도연이의 볍씨에서 작고 하얀 ❷ .... 이/가 뾰족하게 돋아났습니다.

⁺**황금 들판**: 누렇게 익은 벼로 가득 찬 들판을 비유적으로 이르는 말.

볍씨를 흙에 옮겨 심은 지 삼 일이 지났어요.

드디어 흙을 뚫고 초록색 싹이 길쭉하게 올라왔어요.

선생님은 벼의 싹을 '모'라고 하셨어요.

농촌에서는 모를 모판에서 키우다가 어느 정도 자라면 논에 옮겨 심는대요.

교실에서 벼농사를 짓는다는 소식을 전해 들은 선생님의 고향 마을에서 모내기 체험에 우리들을 초대했어요.

"얘들아, 오늘 농부 아저씨들과 함께 논에 모를 옮겨 심을 거야. 열심히 배워서 우리 반에서도 곧 모내기를 하자!"

탈탈탈탈!

생전 처음 타 본 경운기는 엉덩이가 들썩일 정도로 덜컹거렸어요. 놀이 기구를 탈 때처럼 신이 났지요.

"모내기 특공대 출발! 아저씨, 저희가 뚝딱 해치울게요!"

"허허허, 우리 꼬마 농부들 덕분에 올해 모내기는 금방 끝나겠구나!"

 한줄톡! 농촌에서는 모를 모판에서 키우다가 어느 정도 자라면 ❸＿＿＿＿＿에 옮겨 심습니다.

글의 앞부분을 읽고, 물음에 답해 보세요.

1 도연이와 반 친구들이 현장 학습을 간 곳은 어디인지 쓰세요.

✎ _____

2 벼농사를 지을 꼬마 농부에게 꼭 필요하지 <u>않은</u> 것을 보기 에서 모두 찾아 쓰세요.

> 보기   볍씨   우유 상자   그물   얇은 천   흙   물   철사줄

✎ _____

3 반 친구들이 볍씨를 기른 방법으로 알맞은 것에 모두 ○표 하세요.

(1) 볍씨가 충분히 잠기도록 물을 주었다. (   )

(2) 얇은 천을 우유 상자 속에 깔고, 그 위에 볍씨를 올려놓았다. (   )

(3) 교실에서 가장 햇빛이 따뜻하고 바람이 잘 통하는 창가에 볍씨 방을 두었다. (   )

4 볍씨를 흙에 옮겨 심은 지 삼 일이 지났을 때의 상태로 알맞은 것에 ○표 하세요.

(1)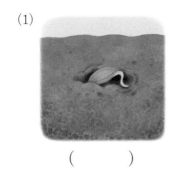   (2)   (3)

(   )   (   )   (   )

⭐ 이어서 다음 글을 읽어 보세요.

드디어 논에 도착했어요.

아이들은 신발을 벗고 줄에 맞춰 차례차례 논으로 들어갔어요.

도연이는 미끌거리는 논바닥 때문인지 발바닥이 자꾸 간지러웠어요.

"모를 한 줌씩 쥐고 줄에 맞추어 모를 심어야 한단다. 여러 사람이 일정한
간격에 따라 같은 속도로 심는 게 가장 중요해."

농부 아저씨의 설명에 따라 모두들 열심히 모내기를 했습니다.

아이들은 진짜 농부라도 된 것 같았지요.

그때 갑자기 나타난 개구리에 놀란 도연이가 엉덩방아를 찧었어요.

"하하하, 도연이 때문에 개구리가 더 놀랐겠다!"

모내기 체험을 갔다 온 후 며칠이 지났어요.

교실의 모들도 어느새 우유 상자 가득 자랐어요.

"얘들아, 이제 논을 만들고 모내기를 시작할까? 스티로폼 상자에 흙을 채우고, 모를 한 줌씩 옮겨 심자."

상자에 흙을 담고 나니 작은 논처럼 보였어요.

아이들은 논에서 썼던 줄 대신에 흙에 선을 긋고 나란히 줄을 맞추어 모를 심었어요.

"자, 논이 마르지 않게 물을 가득 채워 주자."

선생님의 지휘 아래 꼬마 농부들은 모내기를 척척 해냈답니다.

모내기가 끝나자, 도연이는 친구들 몰래 준비한 깜짝 선물을 꺼냈어요.

"짜잔! 올챙이야."

친구들은 모두 깜짝 놀랐어요.

"시골 할머니 집에 놀러 갔다가 우리 반 논에서 함께 키우려고 가져왔어."

"그럼 우리 반 논에도 진짜 논처럼 개구리가 펄쩍펄쩍 뛰어다니겠다!"

"도연이 너 또 놀라서 넘어지는 거 아니니? 하하하!"

아이들은 벼와 함께 올챙이가 자라는 모습도 함께 관찰하기로 했어요.

친구들이 좋아하는 모습을 보자 도연이는 어깨가 으쓱해졌어요.

 한줄톡! ❹ _____ 에 흙을 채우고 모를 한 줌씩 옮겨 심은 다음, 물을 가득 채워 주었습니다.

여름 방학이 다가왔어요. 그동안 키 작은 모는 길쭉길쭉한 벼가 되었어요. 방학 동안에는 교실에서 벼를 키울 수가 없어 대표를 정해 집에서 돌보기로 했어요.

도연이네 집 베란다에도 논 하나가 생겼어요.

여름 내내 뜨거운 햇살을 듬뿍 받고 자란 벼에서 연두색 벼 이삭이 올라올 때쯤, 개학도 가까워졌습니다.

도연이는 엄마와 함께 작아서 못 입게 된 옷으로 허수아비를 만들었어요.

도연이가 친구들을 위해 준비한 두 번째 깜짝 선물이었지요.

개학날이 되었어요.

교실을 떠났던 논들이 모두 한자리에 모였습니다.

벼는 어느덧 아이들 허리 높이까지 자라 있었어요.

싸라기눈같이 하얀 벼꽃도 피었지요.

선생님은 벼꽃이 피고 지는 과정에서 수정이 잘되어야, 벼 이삭이 영글어[✦]

우리가 먹는 쌀이 된다고 설명해 주셨어요.

"선생님, 이걸 세워 주면 어떨까요?"

도연이는 엄마와 함께 만든 허수아비를 꺼냈어요.

"새들이 우리 반 논에는 얼씬도 못하겠는걸."

모두들 허수아비를 반겼습니다.

 한 줄 톡! 개학날이 되자 벼는 어느덧 아이들 허리 높이까지 자라 있었고, 싸라기눈같이 하얀 **⑤** _____
도 피었습니다.

✦**영글어:** 과실이나 곡식 따위가 알이 들어 딴딴하게 잘 익어.

어느덧 더위가 한풀 꺾이고, 따스한 가을볕이 교실에 가득했어요.

벼는 푸른빛을 버리고 황금빛으로 변했습니다.

그 모습을 보며 선생님이 말했어요.

"벼 이삭이 여물면 추수를 해야 해. 추수한 이삭의 껍질을 벗겨 먹을 수 있게 가공을 한 것이 바로 쌀이란다. 일 년 내내 정성을 다해야 우리가 밥을 먹을 수 있는 것이지. 옛날 농촌에서는 추수가 끝나면 이웃끼리 기쁨을 나누기 위해 햅쌀로 밥을 짓고 떡을 빚어 큰 잔치를 벌였어. 우리도 곧 추수를 하고 잔치도 벌이자!"

선생님의 말을 들으며 도연이는 머릿속에 커다란 운동장을 그렸어요. 그리고 그 안에 황금빛 크레파스로 통통히 여물어 고개 숙인 벼들을 빼곡히 그려 넣었어요.

정성을 다해 농사를 지은 꼬마 농부들 덕분에 올해 벼농사는 풍년입니다.

도연이와 반 친구들에게 볍씨가 모가 되고, 모가 자라 이삭이 열리고 통통하게 여물어 가는 모습은 매우 신비로운 경험이었습니다.

 벼 이삭이 여물면 추수를 해야 하고, 추수한 이삭의 껍질을 벗겨 먹을 수 있게 가공을 한 것이 바로
❻_____입니다.

글의 뒷부분을 읽고, 물음에 답해 보세요.

1 다음에서 설명하는 농사 과정이 무엇인지 쓰세요.

> 모판에 볍씨를 촘촘하게 뿌리고 싹을 틔워 일정하게 자랄 때까지 키운 다음, 그 모를 물을 댄 논에 옮겨 심는 일이다.

_____

2 벼꽃이 핀 상태를 바르게 나타낸 것에 ○표 하세요.

(1)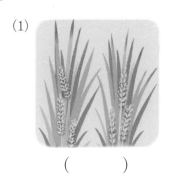
(   )

(2)
(   )

(3)
(   )

3 논에 허수아비를 세우는 까닭으로 알맞은 것의 기호를 쓰세요.

> ㉮ 벼 이삭을 쪼아먹는 새나 짐승을 막기 위해서이다.
> ㉯ 농사가 잘되도록 하늘에 기도를 드리기 위해서이다.
> ㉰ 넓은 들판 가운데에서 자기네 논을 구분하기 위해서이다.

_____

4 벼가 자라는 과정을 알맞게 말한 것은 무엇인가요? (   )

① 볍씨 → 모 → 이삭   ② 모 → 이삭 → 볍씨

③ 이삭 → 모 → 볍씨   ④ 모 → 볍씨 → 이삭

 이제 생각을 정리하고, 마음껏 펼쳐 볼까요?

생각 정리

1 도연이와 반 친구들이 교실에서 벼를 키운 과정을 생각하며 보기 에서 알맞은 말을 찾아 빈칸에 쓰세요.

보기	모 물 벼 흙 바람 벼꽃
	볍씨 추수 모내기 벼 이삭

선생님과 반 아이들은 우유 상자 속에 얇은 천을 깔고 그 위에 [ ] 을/를 올려놓아 볍씨 방을 만들었다.

볍씨 방은 교실에서 가장 햇빛이 따뜻하고 [ ] 이/가 잘 통하는 창가에 두었고, 볍씨가 마르지 않게 [ ] 을/를 조금씩 자주 주었다.

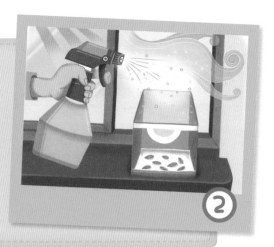

작고 하얀 싹이 돋아난 볍씨를 꺼낸 뒤, [ ] 에 옮겨 심었다. 삼 일이 지나자 초록색 싹이 길쭉하게 올라왔는데, 이 볍씨의 싹을 '[ ]'(이)라고 한다.

스티로폼 상자에 흙을 채우고 모를 한 줌씩 옮겨 심고 나서 물을 가득 채워   을/를 끝냈다.

여름 방학이 다가오자 키 작은 모는 어느새 자라서 길쭉길쭉한   이/가 되었다.

여름 내내 뜨거운 햇살을 받은 벼에서 연두색   이/가 올라왔고 개학 날, 아이들 허리 높이까지 자란 벼에 싸라기눈같이 하얀   이/가 피었다.

교실에 가을볕이 가득할 무렵, 벼 이삭이 여물어 고개 숙인 벼들을   하였다.

1 벼농사와 관련된 다음 속담의 뜻을 알아보고, 빈칸에 들어갈 알맞은 말을 쓰세요.

우리 민족은 아주 오 랜 옛날부터 쌀을 주 식으로 삼았기때문에 우리의 생활 속에는 벼농사와 관련된 풍속 이나 속담 등이 아주 많아요.

"볍씨 고르기가 맏며느리 고르기와 같다."라는 속담은 맏 며느리를 가장 신경 써서 고르는 것처럼 그해 농사를 잘 짓기 위해서는

─────────────────────────────

─────────────────────── 은(는) 뜻이다.

"   "

(이)라는 속담은 교양이 있고 수양을 쌓은 사람일수록 겸손 하고 남 앞에서 자기를 내세우려 하지 않는다는 뜻이다.

2 다음 글을 읽고 벼농사에 모내기법을 이용하고 나서 어떤 점이 좋아졌을지 생각하여 쓰세요.

논에 직접 씨를 뿌리면 벼가 삐뚤빼뚤하게 자랄 수밖에 없고, 잡초가 많이 자라서 농사를 짓는 데 일손이 많이 들어가요

오백 년 전까지만 해도 논에다 볍씨를 직접 뿌리고 계속 그 자리에서 벼를 길렀어요.

점차 벼농사 기술이 발전하면서 모판에서 볍씨의 싹을 틔워 모를 키운 다음, 물을 댄 논에 옮겨 심었지요.

▲ 논에 직접 볍씨를 뿌리기　　　▲ 모를 키워 논에 옮겨 심기

논에 볍씨를 직접 뿌리니까 제대로 싹을 틔우지 못하는 게 너무 많아.

3 벼가 자라고 있는 넓은 들판에 허수아비를 세워 두려고 해요. 어떤 허수아비를 만들어 세울지 나만의 개성이 잘 드러나게 그림으로 표현해 보고, 그 특징이 잘 드러나게 글로 쓰세요.

농작물을 쪼아 먹는 새들을 쫓기 위해 막대기와 짚 등으로 모양을 만들고, 모자를 씌우거나 옷을 입혀 허수아비를 만들었어요. 나만의 개성이 잘 드러나게 허수아비를 그려 보세요.

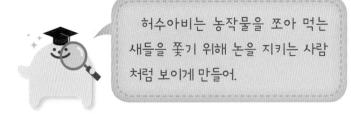

허수아비는 농작물을 쪼아 먹는 새들을 쫓기 위해 논을 지키는 사람처럼 보이게 만들어.

그림으로 표현하기

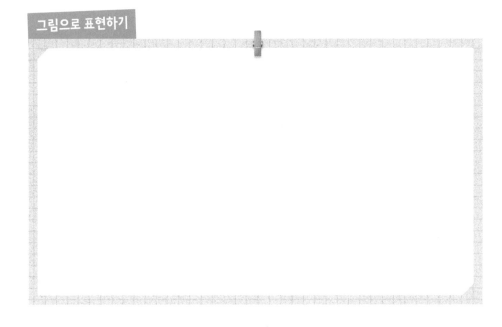

특징이 잘 드러나게 글 쓰기

4 우리가 매일 먹는 밥 한 그릇에는 얼마나 많은 사람의 땀과 정성이 깃들어 있는지 생각해 보고, 앞으로의 각오나 다짐을 담아 고마운 마음을 전하는 글을 쓰세요.

●●●
고마운 마음을 전하고 싶은 사람을 정한 다음에 그분께 고마운 마음을 전하고 싶은 까닭, 자신의 각오나 다짐 등이 잘 드러나게 글을 써 보세요.

(   )께 고마운 마음을 전하고 싶어요.

왜냐하면, --

-- 주셨기 때문이에요.

앞으로 ---

정말 고맙습니다.

2O○○년 ○○월 ○○일
(   ) 올림

벼농사와 24절기

예로부터 우리 조상들은 벼농사를 지으며 살았기 때문에 일 년을 24절기로 나누고 그 시기에 맞춰 농사일을 해 나갔어요. 그럼 대표적인 절기에 대해 알아볼까요?

곡우

양력 4월 20일 무렵에 해당하는 곡우(穀雨)는 봄의 마지막 절기입니다. 이 무렵에는 못자리를 마련하면서 본격적으로 농사철이 시작되지요.

소서

양력 7월 7일 무렵에 해당하는 소서(小暑)는 본격적인 무더위가 시작되는 시기입니다. 이때는 모내기의 마지막 시기로, 모두가 모내기를 끝내기 위해 힘을 합쳐요.

입추, 처서

양력 8월 8일 무렵인 입추(立秋)는 벼농사에서 가장 중요한 시기로, 이때에 벼가 가장 많이 자랍니다. 또, 8월 23일 무렵인 처서(處暑)에는 하루 이틀 사이로 벼 이삭이 나오지요.

백로

양력 9월 9일 무렵에 해당하는 백로(白露)는 가을이 본격적으로 시작하는 시기입니다. 늦어도 이때 이전에 벼 이삭이 나와야 하고, 그렇지 않으면 쭉정이가 되고 말아요.

이런 책도
있어요
정청라, 『청라 이모의 오순도순 벼농사 이야기』, 토토북, 2010
이제호, 『할머니 농사일기』, 소나무, 2006
이호철, 『맛있는 쌀밥 묵자』, 고인돌, 2015

재미로 보는 심리 테스트

[적중률 : 상 중 하]

★ 나의 스트레스 정도를 확인해 보아요.
혼자서 하염없이 길을 걷다 막다른 골목에서 4개의 문을 마주쳤어요.
반드시 1개의 문을 열고 들어가야 한다면, 어떤 문을 열고 싶은가요?

①

②

③

④

•결과는 가이드북 13쪽을 확인하세요.

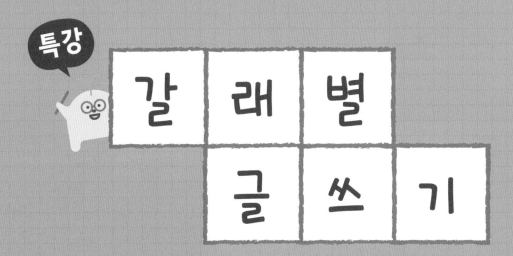

특강 **갈래별 글쓰기**

기행문   120쪽

논설문   128쪽

무	엇	을		쓸	까	요	?				
					어	떻	게		쓸	까	요	?
		이	렇	게		써		봐	요	!	

무엇을 쓸까요?

기행문

기행문은 여행하면서 보고 듣고 느낀 점을 자유로운 형식으로 쓴 글입니다.

어떤 내용이 들어가나요?

• 여정: 여행하면서 다닌 곳
• 견문: 여행하면서 보고 들은 것
• 감상: 여행하면서 생각하거나 느낀 점

기행문을 쓰면 여행하면서 겪은 일을 오래 기억할 수 있고 그때의 기분이나 감동을 잘 간직할 수 있어.

5월 연휴를 맞아 우리 가족은 <u>신라 문화를 직접 느껴 보려고</u> 경주로 여행을 갔다. **여행한 목적**

경주에 도착해 먼저 국립경주박물관에 갔다. 박물관 안 전시실에는 경주에서 출토된 여러 가지 문화재들이 많았다. 특히 왕의 금관이 기억에 남았는데 무척 섬세하게 조각되어 있었다. **여정**

박물관을 둘러보고 난 뒤에 불국사와 석굴암을 보기 위해 토함산으로 향했다. <u>불국사는 통일 신라 시대에 지은 절로, 1995년에 유네스코 세계 문화유산으로 지정되었다고 한다.</u> **견문** 불국사 안에는 다보탑과 석가탑을 비롯하여 수많은 국보와 보물이 있다. 그리고 석굴암은 우리 조상이 남긴 탁월한 불교 예술 작품 가운데 하나이다. <u>단단한 화강암으로 어떻게 이런 부드러운 느낌을 낼 수 있었는지 신기하기만 하다.</u> **감상**

경주는 내가 생각했던 것보다 더 신기한 게 많은 곳이었다. 통일 신라의 찬란한 문화를 발전시킨 우리 조상들의 지혜와 예술성이 대단한 것 같다. 앞으로도 우리나라 역사와 문화에 더 관심을 갖고 싶어졌다. **여행의 전체 감상**

- 처음 부분에는 여행한 까닭이나 목적을 씁니다.
- 가운데 부분에는 여정, 견문, 감상이 잘 드러나게 씁니다.
- 끝부분에는 여행을 마치고 나서 생각하거나 느낀 점을 씁니다.

❶ 처음 부분에는 여행한 까닭이나 목적을 써요.

여행한 까닭이나 목적을 씁니다. 이 밖에 여행을 떠나기 전의 기대, 여행을 떠날 때의 날씨와 교통편, 여행지에 도착할 때까지 걸린 시간, 여행 일정 소개와 같은 내용도 쓸 수 있습니다.

예 해인사 팔만대장경을 보기 위해 여행을 갔다. 버스는 가을 풍경 속을 두 시간 동안 달렸다.

❷ 가운데 부분에는 여정, 견문, 감상을 써요.

여정, 견문, 감상이 잘 드러나게 씁니다. 이 밖에 인상 깊은 경험, 이동하면서 겪은 일이나 느낌도 쓸 수 있습니다.

예

여정	공주에 도착해 가장 먼저 국립공주박물관에 갔다. …… 무령왕릉을 보기 위해 이동했다.
견문	국립공주박물관에 있는 무령왕 금제 관식은 국보 제154호라고 한다.
감상	궁궐에서 금관을 쓰고 있는 무령왕과 왕비의 모습을 상상해 보니 무척 흥미로웠다.

❸ 끝부분에는 여행의 전체 감상을 써요.

여행의 전체적인 감상, 여행한 뒤에 다짐한 내용이나 반성, 앞으로의 계획이나 각오 등을 씁니다.

예 이번 여행을 하고 나니 우리나라의 역사가 더 가깝게 느껴졌다. 앞으로 우리나라 역사에 대해 더 많은 관심을 가져야겠다.

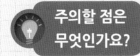 주의할 점은 무엇인가요?

- 여행한 곳의 특색이 잘 드러나게 씁니다.
- 기억에 남는 곳이나 그때그때의 감상을 기록해 두면 좋습니다.

어떻게 쓸까요?

기행문을
쓰는 목적
알기

1 다음을 보고 동하가 어떤 글을 쓰면 좋을지 쓰세요.

여름 방학 때 다녀온
수원 화성에 대하여 보고 듣고 느낀 점을
친구들에게 알려 주고 싶은데
어떤 글을 써야 하지?

동하

(   )

기행문에
들어가는
내용 알기

2 기행문에 꼭 들어가야 하는 내용을 말한 친구의 이름을 모두 쓰세요.

여행하면서 다닌
곳을 써야 해.

현이

아영

여행하면서 보고
들은 내용을 써야 해.

여행하면서 생각하거나
느낀 점을 써야 해.

민준

건이

여행할 때 어디에서
밥을 먹었는지 써야 해.

(   )

3 다음 기행문의 일부분을 읽고 알맞은 내용을 찾아 선으로 이으세요.

(1) 우리 가족은 수원 화성에 도착해 성벽, 서장대, 화성 행궁을 다녔다. •

(2) 화성은 1997년에 유네스코 세계 문화유산에 등록되었다고 한다. •

(3) 옛날에 이런 건물을 지은 조상의 지혜가 대단하다는 생각이 들었다. •

• ① 여행하면서 다닌 곳

• ② 여행하면서 생각하거나 느낀 점

• ③ 여행하면서 보고 들은 것

4 다음 기행문의 밑줄 친 부분이 여정, 견문, 감상 중에서 무엇에 해당하는지 각각 쓰세요.

서울 암사동 유적지에 도착한 우리 가족은 먼저 움집으로 갔습니다. 옛날 사람들은 작은 움집 안에서 요리도 하고 잠도 자고 생활도 했다고 합니다. 지금 우리가 사는 집처럼 편해 보이지는 않았지만 직접 들어가 보니 아늑한 느낌이 들었습니다.

(1) (   )

(2) (   )

(3) (   )

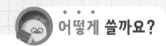

기행문을
쓰는 방법
알기

5 기행문의 처음 부분을 알맞게 쓴 것에 ○표 하세요.

(1) 　　우리 가족은 겨울 방학을 맞이하여 제주도 여행을 가게 되었다. 겨울에 가는 제주도는 처음이라서 마음이 설레고 기대가 되었다.　　(　　)

(2) 　　가족과 함께 순천 여행을 했다. 재미있었다.　　(　　)

6 기행문의 가운데 부분을 읽고 글쓴이가 여행한 차례대로 빈칸에 알맞은 말을 쓰세요.

　　우리 가족은 먼저 차를 타고 용눈이 오름으로 갔다. 제주도에는 360여 개의 오름이 있다고 한다. 용눈이 오름을 올라가는 길에 자유롭게 풀을 뜯어 먹고 다니는 소 떼를 보았다. 용눈이 오름의 가장 높은 곳에 오르니 제주도 경치가 한눈에 들어오고 마음이 평안해졌다.
　　다음에는 만장굴로 향했다. 만장굴은 대한민국 천연기념물 98호로 총 길이가 7킬로미터가 넘는다고 한다. 천천히 걸어가다 보니 신기한 암석이 많았다. 이곳이 화산 활동으로 만들어졌다는 게 놀라웠다.

용눈이 오름에 감. → (　　　　　　　　　　　)에 감.

7 밑줄 친 ㉮~㉣ 중에서 '견문'과 '감상'에 해당하는 부분을 찾아 각각 기호를 쓰세요.

> 우리 반 친구들은 현장 체험학습으로 대관령에 있는 풍력 발전 단지를 다녀왔다. ㉮ 높은 산 위에 빌딩보다 더 높은 발전기들이 우뚝 솟아 있었다. ㉯ 바람이 불 때마다 원을 그리며 돌아가는 발전기가 마치 대형 바람개비 같다는 생각이 들었다.
> ㉰ 소장님께서는 이곳에서 생산하는 에너지가 국내 풍력 에너지 보급량의 약 78퍼센트를 차지하고 있다고 말씀하셨다. ㉱ 바람으로 그렇게 많은 에너지를 얻는다는 게 무척 신기하고 놀라웠다.

(1) 견문: (   )

(2) 감상: (   )

8 기행문의 끝부분을 쓰는 방법을 바르게 말한 친구는 누구인지 쓰세요.

여행을 마치고 나서 전체적인 감상을 정리해 봐!

아영

건이

여행한 차례를 다시 한 번 정리해서 알려 줘.

(   )

자신이 여행했던 경험을 바탕으로 하여 기행문에 들어갈 내용을 정리하여 써 보세요.

1 지금까지 여행했던 곳 가운데에서 가장 기억에 남는 곳을 떠올려 보고, 기행문에 들어갈 내용을 정리하여 쓰세요.

가장 기억에 남는 곳	
그곳을 여행한 까닭이나 목적	
전체적인 느낌	

여정과 견문, 감상을 간단하게 정리하여 써 보세요. 이 밖에도 새롭게 알게 된 사실, 출발 전에 조사한 여행지 자료 같은 내용도 더 쓸 수 있어요.

2 기행문의 짜임을 생각하며 여정, 견문, 감상으로 나누어 정리해 보세요.

여정	
견문	
감상	

3 **1**과 **2**에서 정리한 내용을 바탕으로 하여 여정, 견문, 감상이 잘 드러나게 기행문을 써 보세요.

무엇을 쓸까요?

논설문

논설문은 글쓴이가 자신의 주장을 내세워 읽는 사람을 설득하기 위해 쓰는 글입니다.

 어떤 내용이 들어가나요?

- 글쓴이의 주장
- 주장을 뒷받침하는 근거와 예시 자료

 논설문은 어떤 문제에 대하여 글쓴이가 내세우는 주장과 그 주장을 뒷받침하는 근거로 이루어져 있어.

쓰레기를 줄이자 → 주장이 잘 드러나게 제목을 붙여야 함.

요즘 우리 교실이 매우 지저분합니다. <u>교실 바닥에</u> **문제 상황**
여기저기 쓰레기가 버려져 있고, 교실 곳곳에 더러운
먼지가 쌓여 있습니다. <u>우리 교실을 다시 깨끗하게 만</u> **글쓴이의 주장**
들어야 합니다. **〕 서론**

첫째, <u>교실이 지저분하면 수업하는 데 방해가 됩니</u> **주장을 뒷받침하는 근거 ①**
다. 일주일에 한 번씩 교실 바닥과 쓰레기통 주변을
깨끗하게 청소합시다.

둘째, <u>교실이 지저분하면 여러 가지 질병에 걸리기</u> **주장을 뒷받침하는 근거 ②**
쉽습니다. 당번을 정해서 교실 곳곳에 쌓여 있는 더러
운 먼지를 깨끗하게 닦읍시다. **〕 본론**

깨끗한 교실에서 생활하는 것은 우리의 건강에 매
우 중요합니다. <u>우리 모두 교실을 깨끗하게 청소하고</u> **글쓴이의 주장을 다시 한번 강조함.**
<u>건강한 생활을 합시다.</u> **〕 결론**

- 서론, 본론, 결론으로 나누어 씁니다.
- 글쓴이의 주장이 잘 드러나게 씁니다.
- 글쓴이의 주장을 뒷받침하는 근거를 들어 씁니다.

❶ 서론에는 문제 상황을 밝히고, 글쓴이의 주장을 분명하게 나타내요.

요즘 학교에서 욕설이나 비속어를 사용하는 친구들이 있습니다. 친구들
사이에 욕설이나 비속어를 사용하다가 서로 기분이 상해서 싸움까지 하는
_{문제 상황}
경우도 있습니다. 다른 사람과 대화할 때에는 욕설이나 비속어 대신에 고운
말을 사용하여야 합니다.
_{글쓴이의 주장}

❷ 본론에는 주장에 대한 적절한 근거를 써요.

근거 1 고운 말로 존중하는 마음을 전할 수 있습니다.
근거 2 고운 말은 다른 사람과의 대화를 원활하게 합니다.

❸ 결론에는 글 전체의 내용을 요약하거나 주장을 다시 한번 강조해요.

말은 그 사람의 마음을 들여다보는 창이라고 할 수 있습니다. 우리 모두
욕설이나 비속어 대신에 고운 말을 사용하는 바른 언어 습관을 기르도록 합
_{글쓴이의 주장을 다시 한번 강조함.}
시다.

 **주의할 점은 무엇인가요?**

- 가치 있고 중요한 주장을 해야 합니다.
- 타당하고 믿을 만한 근거를 제시해야 합니다.

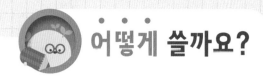

어떻게 쓸까요?

논설문을
쓰는 목적
알기

1 동하가 친구들에게 다음과 같은 주장을 하려면 어떤 종류의 글을 써야 할지 쓰세요.

동하

> 지난주에 전시회에 갔는데
> 친구들이 문화재를 막 만지는 거야.
> 친구들에게 문화재를 보호하자는 주장을
> 하고 싶어. 어떤 글을 써야 하지?

(   )

문제
상황과
주장 쓰기

2 다음 논설문의 서론을 읽고 물음에 알맞은 답을 쓰세요.

> 지난주에 부모님과 함께 전시회에 갔습니다. 오래된 문서를 가까이에서 볼 수 있었습니다. "절대 만지지 마세요."라고 쓰여 있었는데도 문화재를 함부로 만지는 사람들이 있었습니다. 우리는 문화재를 적극적으로 보호해야 합니다.

(1) 이 글에 나타난 문제 상황은 무엇인지 빈칸에 알맞은 말을 쓰세요.

사람들이 [　　　　　]을/를 소중히 여기지 않는 모습

(2) 이 글에서 글쓴이의 주장으로 알맞은 것의 기호를 쓰세요.

> ㉮ 문화재에 대해 알아보자.
> ㉯ 다양한 전시회를 보러 다니자.
> ㉰ 문화재를 적극적으로 보호하자.

(   )

주장에 대한
근거 쓰기

3 다음 논설문의 본론을 읽고 '문화재를 보호하자'라는 주장에 대한 근거를 정리하여 빈칸에 알맞은 말을 쓰세요.

문화재는 우리 조상의 생활 모습과 역사가 담긴 소중한 물건입니다. 우리는 문화재를 통해 조상이 어떻게 살았는지 알 수 있고, 거기에 깃들어 있는 조상의 지혜를 느낄 수 있습니다.

문화재는 한번 훼손되면 복원하기가 어렵습니다. 과거에 숭례문이 불탄 적이 있었습니다. 그 뒤로 5년이 넘게 복원 작업을 거쳤지만 옛날 그 모습 그대로 복원은 되지 않았습니다.

근거 1	문화재는 우리 조상의 생활 모습과 역사가 담긴 소중한 물건이다.
근거 2	

논설문의
결론 쓰기

4 논설문의 결론을 쓰는 방법에 대해 바르게 말한 친구는 누구인지 쓰세요.

글 전체의 내용을 요약하거나 자신의 주장을 다시 한번 강조하는 게 좋아.

현이

주장을 뒷받침할 수 있는 새로운 근거를 제시하는 게 좋아.

건이

(   )

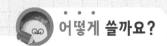

논설문에 알맞은 주장의 내용 알기

5 논설문을 쓰기에 알맞은 주장을 두 가지 찾아 기호를 쓰세요.

> ㉮ 일회용품 사용을 줄입시다.
>
> ㉯ 동물원은 즐거운 곳입니다.
>
> ㉰ 즉석식품을 먹지 않도록 합시다.
>
> ㉱ 사람은 물 없이는 살 수 없습니다.

(   )

주장에 대한 타당한 근거 제시하기

6 다음 주장을 읽고 빈칸에 들어갈 근거로 알맞지 <u>않은</u> 것은 무엇인가요?
(   )

> 주장: 국립 공원에 케이블카를 설치하지 말자.
>
> 근거:

① 국립 공원에 케이블카를 설치하면 자연을 훼손하게 된다.

② 국립 공원에 케이블카를 설치하면 야생 동물들이 위험해진다.

③ 국립 공원에 케이블카를 설치하면 여러 가지 사고가 일어날 위험이 있다.

④ 국립 공원에 케이블카를 설치하면 장애인들도 산을 오르내리기가 편리해진다.

7 주장을 뒷받침하는 근거로 제시하기에 알맞은 자료를 모두 찾아 기호를 쓰세요.

근거를
뒷받침할
자료
수집하기

> ㉮ 신문 기사 　　　　　㉯ 통계 자료
>
> ㉰ 전문가의 의견 　　　㉱ 동생과 나눈 대화

(　　　　　　)

주장에 대한
적절한 근거
쓰기

8 민호는 '아파트에서 개를 기르지 말자'는 주장을 내세워 논설문을 쓰려고 해요. 민호가 주장을 뒷받침하는 근거로 들 수 있는 내용을 말한 친구의 이름을 모두 쓰세요.

개가 짖으면 이웃에게 피해를 줄 수 있어.

현이

개는 낯선 사람을 물 수도 있어.

아영

아파트에 사는 사람들이 개를 기르는 이웃 때문에 스트레스를 받는다는 통계 자료를 제시하면 좋을 것 같아.

건이

개도 훈련시키면 짖지 않는다는 근거를 들어야 해.

민준

(　　　　　　)

1 우리 주변에서 바꾸고 싶은 문제 상황을 떠올려 보고, 그 문제에 대한 자신의 주장을 쓰세요.

우리 주변에서 일어나는 문제 상황 가운데에서 주장을 펼치고 싶은 것을 떠올려 보고, 그 문제를 해결할 수 있는 주장을 생각하여 보세요.

문제 상황	
주장	

2 **1**에서 정한 자신의 주장을 뒷받침할 수 있는 근거를 두 가지 쓰세요.

주장을 뒷받침할 수 있는 타당한 근거를 들어야 해요.

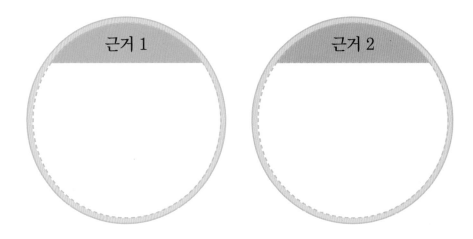

근거 1

근거 2

3 **2**에서 말한 근거를 뒷받침할 수 있는 자료를 찾아 정리하여 쓰세요.

근거를 뒷받침할 만한 신문 기사나 도표, 통계 자료 등을 찾아서 제시하면 좋아요.

근거	근거를 뒷받침하는 자료
1	
2	

4 **1**~**3**에서 정리한 내용을 바탕으로 하여 서론, 본론, 결론이 드러나게 논설문을 써 보세요.

글

1주 『무기 팔지 마세요』 위기철 글 | 청년사 | 2002년

2주 『세상을 잘 알게 도와주는 기행문』 심상우, 김해원, 박영란 글 | 어린른이 | 2005년

3주 『돌멩이 수프』 마샤 브라운 글 | 시공주니어 | 2007년

4주 『우리 교실에 벼가 자라요』 박희란 글 | 살림어린이 | 2012년

사진

47쪽 「무령왕 금제 관식」 문화재청

49쪽 「무령왕릉 지석」 문화재청

50쪽 「무령왕릉 내부」 문화재청

61쪽 「무령왕릉 석수」 문화재청

64쪽 「무령왕 금귀걸이」 문화재청

64쪽 「익산 입점리 백제 금동제 신발」 문화재청

64쪽 「백제 금동대향로」 문화재청

64쪽 「무령왕 금제 뒤꽂이」 문화재청

64쪽 「나주 신촌리 금동관」 문화재청

95쪽 낫, 쟁기, 키, 지게, 호미, 써레 국립민속박물관

앗!

본책의 가이드북을 분실하셨나요?
길벗스쿨 홈페이지에 들어오시면
내려받으실 수 있습니다.

기적의
독서 논술

가이드북

7권

가이드북 활용법

독해 문제의 경우에만 정답을 확인하시고 정오답을 체크해 주시면 됩니다.

낱말 탐구에 제시된 어휘의 뜻은 국립국어원의 국어사전 내용을 기준으로 풀이하여 실었습니다.

그 외 서술·논술형 문제에 해당하는 예시 답안은 참고만 하셔도 됩니다.

아이의 다양한 생각이 예시 답과 다르다고 하여 틀렸다고 결론 내지 마세요.

아이 나름대로 근거가 있고, 타당한 대답이라면 정답으로 인정합니다.

이치에 맞지 않은 답을 한 경우에만 수정하고 정정할 기회를 주시기 바랍니다.

답을 찾는 과정에 집중해 주세요.

다소 엉뚱하지만 창의적이고,
기발하면서 논리적인 대답에는 폭풍 칭찬을 잊지 마세요!

부디 너그럽고 논리적인 독서 논술 가이드가 되길 희망합니다.

1주 작은 총알 하나

1 '총알'이라는 낱말을 들으면 어떤 생각이나 느낌이 떠오르는지 빈칸에 쓰세요.

예 전쟁

예 잔인하다

예 위험하다

예 무기

2 요즘 우리 반 친구들에게 인기 있는 게임이나 장난감을 떠올려 보고, 그것의 놀이 방법을 쓰세요.

인기 있는 게임이나 장난감	예 스마트폰을 활용한 자동차 경주 게임이 가장 인기 있다.
놀이 방법	예 혼자 게임을 하여 점수를 얻거나 친구들과 편을 나누어 대결할 수도 있다.

3 반 친구들이 편을 갈라 총싸움을 하는 모습과 농구 경기를 하는 모습을 떠올려 보고, 어떤 생각이나 느낌이 드는지 쓰세요.

예 • 반 친구들이 전쟁에 나간 군인 같다.
• 누군가 총에 맞아 다칠 것만 같아서 불안하다.
• 씩씩하고 용맹스럽다는 느낌이 든다.

예 • 반 친구들의 모습이 활기차고 씩씩하다.
• 내가 속한 편이 몇 점을 얻을지, 어느 편이 이기게 될지 궁금하다.
• 농구공을 서로 빼앗으려고 다투는 것 같다.

해설

1 '총알'이라는 낱말을 듣고 떠오르는 생각이나 느낌을 자유롭게 써 봅니다.

2 게임이나 장난감을 활용하여 어떻게 노는지 구체적으로 써 봅니다.

3 총싸움과 농구 경기는 어떤 차이점이 있는지 생각하여 봅니다.

---

1 다음 문장을 읽고, 빈칸에 알맞은 두 글자 낱말을 찾아 쓰세요.

치 태 사 눈

시간이 지날수록 **사태** 이/가 점점 복잡해지고 있어.

누나는 오늘 따라 좋은 일이 있는 것 같은 **눈치** 였어.

명 소 굴 변

민하는 실수한 뒤에 언제나 **변명** 을/를 늘어놓곤 해.

병사들을 구출하려고 적의 **소굴** (으)로 들어갔어.

한 항 괴 복

여행을 하던 도중에 **괴한** 을/를 만나 공포에 떨었어.

전쟁에서 승리하여 적의 **항복** 을/를 받아 내었어.

2 주어진 글자와 뜻풀이를 살펴보고, 어떤 낱말에 대한 설명인지 완성하여 쓰세요.

ㅡ 름 ㅏ   말과 행동으로 으르고 협박하는 짓.
예 동생을 괴롭히면 가만두지 않겠다며 ☐☐☐을 놓았다.

↓

으름장

ㅅ ㅣ ㅣ   자기가 하고도 하지 않은 척하거나 알고도 모르는 척하는 태도.
예 누나는 아무 일도 없었다는 듯이 ☐☐☐를 뚝 떼고 앉아 있었다.

↓

시치미

ㅂ ㅣ ㅈ   상대방의 믿음이나 의리를 저버린 사람.
예 그들은 나라를 팔아먹은 ☐☐☐라고 손가락질을 받았다.

↓

배신자

낱말 탐구

✦ **눈치**: 남의 마음을 그때그때 상황으로 미루어 알아내는 것.

✦ **사태**: 일이 되어 가는 형편이나 상황. 또는 벌어진 일의 상태.

✦ **변명**: 어떤 잘못이나 실수에 대하여 구실을 대며 그 까닭을 말함.

✦ **소굴**: 나쁜 짓을 하는 무리나 도둑 따위가 활동의 본거지로 삼고 있는 곳.

✦ **괴한**: 거동이나 차림새가 수상한 사내.

✦ **항복**: 적이나 상대편의 힘에 눌리어 굴복함.

한줄톡! ❶ 장난감 권총 ❷ 플라스틱 ❸ 비비탄

한줄톡! ❹ 총알의 주인 ❺ 교실 ❻ 무기

25쪽

내용 확인 ❶ 예 장난감 권총 놀이 ❷ ①
❸ (3) ○ ❹ ㉯

31쪽

내용 확인 ❶ ④ ❷ 전쟁터 ❸ ㉯
❹ (1) ○

❶ 보미네 반 남자아이들 사이에서는 장난감 권총을 가지고 노는 게 유행이었습니다.

❷ 보미가 교실에 들어섰을 때 콩알보다도 더 작은 하얀 플라스틱 조각이 날아와 이마를 때렸습니다.

❸ 선생님은 교실에 들어오자마자 바닥에 떨어져 있는 하얀 플라스틱 조각들을 발견했습니다.

❹ 보미가 남자아이들이 학교에 장난감 총을 가져온 사실을 선생님께 이르면 선생님한테 총을 빼앗길 게 뻔하다고 하였으므로, 선생님이 학교에 총을 가져와서 놀 수 있도록 허락하지 않았다는 것을 알 수 있습니다.

❶ 선생님의 물음에 섣불리 대답했다가는 반 아이들에게 고자질쟁이로 낙인찍혀 왕따 당할 염려가 있다고 생각했습니다.

❷ 보미는 선생님께 "전쟁터에서 총알을 하나 주워 '이 총알이 누구 것이냐?' 하고 묻는다면, 그 물음에 누가 대답할 수 있겠어요?"라고 말했습니다.

❸ 선생님의 생김새가 조직 폭력배 같다는 게 아니라, 선생님께서 반 아이들에게 마치 조직 폭력배 소굴을 덮친 형사 반장과 같은 목소리로 명령했다는 것입니다.

❹ '교실에 침입한 무장 괴한들'은 장난감 총으로 놀이를 하는 남자아이들을 뜻하고, '무기'는 장난감 총과 비비탄을 뜻합니다.

읽은후 생각 정리   32~33쪽

❶ 보미네 반에서 일어난 일을 차례대로 정리하여 빈칸에 알맞은 말을 쓰세요.

① 교실에 들어서던 보미는 플라스틱 총알에 **이마** 을/를 맞았고, 장난감 총을 쏜 경민이에게 다가갔다.

② 경민이는 보미를 겨누고 쏜 것이 아니라며 사과했지만, 보미는 경민이에게 장난감 총을 내놓지 않으면 학교에 총을 가져온 일에 대해 **선생님** 한테 말씀드리겠다고 하였다.

③ 선생님은 교실 바닥에 떨어져 있는 하얀 플라스틱 조각들을 발견하고는 어제 청소 당번이 어느 모둠이었는지 물으셨고, 마침내 비비탄이 **장난감 총에 넣는 총알** (이)라는 것을 알게 되셨다.

④ 선생님이 교실 바닥에 총알이 흩어져 있는 까닭을 물으셨지만 반 아이들은 아무도 대답하지 않았다.

⑤ 선생님이 **총알의 주인** 은/는 자리에서 일어나라고 말씀하셨는데도 반 아이들은 서로 눈치만 보며 있아 있었고, 자리에서 벌떡 일어선 보미는 선생님 물음이 이상하다고 말했다.

⑥ 보미가 한 말을 통해 교실에 **장난감 총** 을/를 가져온 아이가 많다는 사실을 선생님께 들켜 버렸고, 화가 난 선생님은 평화로운 교실이 **전쟁터** 이/가 되어 버렸다고 말씀하시며 책상 위에 장난감 총을 올려놓으라고 명령하셨다.

1 만약 내가 보미처럼 친구가 쏜 플라스틱 총알에 맞았다면 어떻게 행동했을지 쓰세요.

> (예)
> • 총알을 쏜 친구에게 큰 사고로 이어질 수 있는 위험한 행동이라는 것을 알려 주고 사과를 받겠다.
> • 총알을 쏜 친구의 행동에 대해 선생님께 사실대로 말씀드리고, 그 친구가 합당한 벌을 받도록 하겠다.

2 보미네 반 남자아이들이 교실에서 장난감 권총을 가지고 노는 것에 대하여 어떻게 생각하는지 쓰세요.

내 생각

> (예)
> • 학교에 장난감 권총을 가져와 친구에게 총알까지 쏜 행동은 옳지 않다고 생각한다.
> • 아이들이 장난감 권총으로 총알을 쏘며 노는 것은 큰 문제가 되지 않는다고 생각한다.

그렇게 생각하는 까닭

> (예)
> • 장난감 권총이라도 다른 사람을 다치게 할 수 있어서 위험하기 때문이다.
> • 안전 기준을 통과한 장난감 권총이라면 사고가 일어날 가능성이 매우 적기 때문이다.

3 다음과 같은 일을 겪게 된 보미네 반 남자아이들은 주어진 상황에 어떻게 행동하였을지 짐작하여 쓰세요.

> 총을 빼앗긴 남자아이들은 열두 명이나 되었다.
> 게다가 선생님은 그 아이들 부모한테 직접 전화를 걸어 '이러저러한 일로 아이들 총을 빼앗아 두었으니 직접 찾아가시고, 두 번 다시 학교에 총을 가지고 오지 못하도록 교육시켜 달라'고 부탁했다.

이제 더 이상 학교에 총을 가지고 올 수 없게 된 남자아이들은 장난감 권총 놀이를 그만두었을까?

> (예)
> • 학교 밖에서 여전히 장난감 권총 놀이를 했을 것이다.
> • 장난감 권총의 위험성을 깨닫고 더 이상 장난감 권총 놀이를 하지 않았을 것이다.

선생님께 권총을 빼앗긴 남자아이들은 앞으로 보미를 어떻게 대할까?

> (예)
> • 보미 때문에 권총을 빼앗겼다고 불만을 늘어놓으며 심술을 부릴 것이다.
> • 보미 덕분에 위험한 장난감을 가지고 놀면 안 된다는 것을 알게 되어 고마워했을 것이다.

4 다음 속담의 뜻을 살펴보고, 보미네 반에서 일어난 일과 관련지어 알 수 있는 점을 생각하여 쓰세요.

먹을 가까이하면 검어진다.

먹(벼루에 물을 붓고 갈아서 글씨를 쓰거나 그림을 그릴 때 사용하는 검은 물감.)을 만지면 손이 검게 물들고 쉽게 지워지지도 않는다.

초록은 동색

풀색과 녹색은 같은 색이라는 뜻으로, 처지가 같은 사람들끼리 한패가 되는 경우를 비유적으로 이르는 말이다.

> (예)
> • 나쁜 사람을 가까이하면 착한 사람도 나빠지게 된다.
> • 좋은 친구와 어울리면 그 친구의 좋은 점을 닮고, 나쁜 친구와 어울리면 자신도 모르게 그 친구의 나쁜 점을 닮는다.
> • 올바르게 성장하려면 주변 환경이 좋아야 한다.

5 어린이들이 지나치게 폭력적인 게임이나 영상물 등에 빠져들면 어떤 점에서 문제가 되는지 생각하여 쓰세요.

요즘 우리 반 아이들에게 인기 있는 게임을 조사해 보니 폭력적인 게임인 경우가 많아.

어린이들이 즐겨 보는 텔레비전 프로그램이나 영화에도 폭력적인 장면이 자주 등장해.

> (예)
> • 어린이들이 폭력적인 게임이나 영상물에 빠져들면 자신도 모르게 폭력에 길들여져서 남을 해치거나 피해를 입힐 수 있어 위험하다.
> • 폭력적인 게임이나 영상물에 빠져든 어린이들은 끔찍한 전쟁을 마치 재미있는 놀이처럼 여기기 쉽다.

해설

1 위험한 장난을 하는 친구에게 어떤 말이나 행동을 하면 좋을지 생각하여 써 봅니다.

2 보미네 반 남자아이들이 교실에서 장난감 권총으로 총알을 쏘며 노는 것에 대한 자신의 의견을 정하고, 그렇게 생각하는 까닭을 써 봅니다.

3 총을 빼앗긴 남자아이들이 장난감 권총을 가지고 노는 행동, 보미를 대하는 태도 등이 어떻게 달라졌을지 짐작하여 써 봅니다.

4 주어진 속담은 모두 사람은 주변 환경에 따라 달라진다는 의미를 담고 있습니다.

5 폭력적인 게임이나 영상물이 어린이들에게 어떤 나쁜 영향을 미칠지 생각하며 써 봅니다.

읽기 전 생각 열기

1 박물관에 다녀온 경험을 떠올리며 빈칸에 알맞은 내용을 쓰세요.

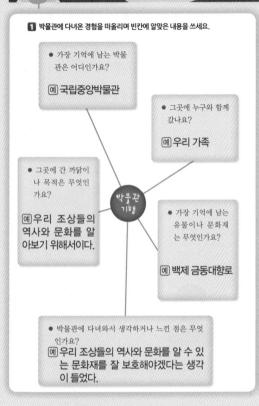

- 가장 기억에 남는 박물관은 어디인가요?
  예) 국립중앙박물관
- 그곳에 누구와 함께 갔나요?
  예) 우리 가족
- 그곳에 간 까닭이나 목적은 무엇인가요?
  예) 우리 조상들의 역사와 문화를 알아보기 위해서이다.
- 가장 기억에 남는 유물이나 문화재는 무엇인가요?
  예) 백제 금동대향로

박물관 기행

- 박물관에 다녀와서 생각하거나 느낀 점은 무엇인가요?
  예) 우리 조상들의 역사와 문화를 알 수 있는 문화재를 잘 보호해야겠다는 생각이 들었다.

2 다음 그림을 보고, 문화재를 관람할 때 지켜야 할 바른 태도나 예절을 생각하여 쓰세요.

- 예) 문화재에 낙서를 하거나 훼손하지 않는다.
- 예) 문화재에 대한 설명을 집중하여 듣는다.
- 예) 출입 금지 지역에 함부로 들어가지 않는다.
- 예) 안내문을 자세히 읽고 중요한 내용을 기록한다.

해설

1 박물관에 다녀온 경험을 떠올리며 주어진 물음에 알맞은 내용을 써 봅니다.

2 조상에게 물려받은 문화재를 잘 보호하여 다시 후손에게 물려주려면 올바른 관람 태도와 문화재를 소중히 아끼는 마음가짐이 필요합니다.

읽기 전 낱말 탐구

1 주어진 낱말의 뜻을 잘 살펴보고 보기 에서 알맞은 낱말을 찾아 빈칸에 쓰세요.

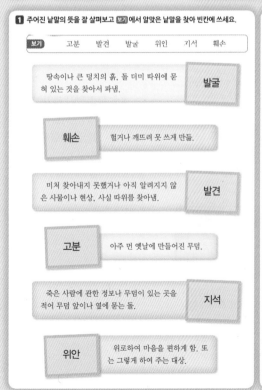

보기: 고분 발견 발굴 위안 지석 훼손

| 땅속이나 큰 덩치의 흙, 돌 더미 따위에 묻혀 있는 것을 찾아서 파냄. | 발굴 |

| 훼손 | 헐거나 깨뜨려 못 쓰게 만듦. |

| 미처 찾아내지 못했거나 아직 알려지지 않은 사물이나 현상, 사실 따위를 찾아냄. | 발견 |

| 고분 | 아주 먼 옛날에 만들어진 무덤. |

| 죽은 사람에 관한 정보나 무덤이 있는 곳을 적어 무덤 앞이나 옆에 묻는 돌. | 지석 |

| 위안 | 위로하여 마음을 편하게 함. 또는 그렇게 하여 주는 대상. |

2 주어진 낱자와 관련 있는 내용을 살펴보고, 빈칸에 알맞은 낱말을 쓰세요.

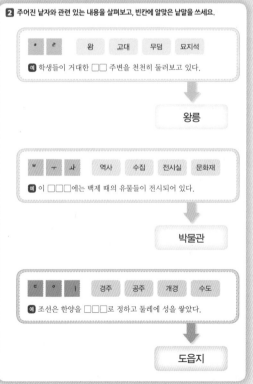

ㅇ ㄹ   왕 고대 무덤 묘지석
예) 학생들이 거대한 □□ 주변을 천천히 둘러보고 있다.

↓ 왕릉

ㅂ ㄱ ㄴ   역사 수집 전시실 문화재
예) 이 □□□에는 백제 때의 유물들이 전시되어 있다.

↓ 박물관

ㄷ ㅇ ㅣ   경주 공주 개경 수도
예) 조선은 한양을 □□□로 정하고 둘레에 성을 쌓았다.

↓ 도읍지

낱말 탐구

- **고대**: 옛 시대.
- **역사**: 인류 사회의 변천과 흥망의 과정. 또는 그 기록.
- **수집**: 거두어 모음.
- **전시실**: 물품을 차려 놓고 보이는 방.
- **문화재**: 문화 활동에 의하여 창조된 가치가 뛰어난 사물.
- **유물**: 옛날 사람들이 후손들에게 남긴 물건.
- **수도**: 한 나라의 중앙 정부가 있는 도시.

한줄톡! ❶ 백제 ❷ 무령왕릉 ❸ 문

51쪽

내용 확인 ❶ 공주 ❷ (3) ○ ❸ ③
❹ ㉮, ㉯

한줄톡! ❹ 동쪽 ❺ 웅진백제 ❻ 부여

57쪽

내용 확인 ❶ (3) ○ ❷ ④ ❸ 국립공주박물관
❹ 부여

❶ 무령왕릉은 충청남도 공주시 송산리 고분군 내에 있는 백제 제 25대 무령왕과 왕비의 무덤입니다.

❷ 서영이 아버지께서는 무령왕릉의 울타리를 살펴보고 마치 불꽃이 타오르는 듯한 모양을 한 관장식은 임금님의 모자를 아름답고 화려하게 빛내 주었으리라고 생각했습니다.

❸ 무령왕릉은 수만 장의 벽돌로 내부를 반듯하고 정교하게 쌓아 올렸고, 지붕은 둥근 곡선 형태로 만들었습니다.

❹ ㉯는 무령왕릉에서 나온 유물들로 미루어 짐작할 수 있는 내용으로, 무령왕릉 묘지석에 새겨져 있는 내용은 아닙니다.

❶ 송산리 고분군 가운데에서 무령왕릉을 제외한 나머지 고분 1호~6호에서는 묘지석이 발견되지 않았기 때문에 정확하게 누구의 무덤인지 알 수 없습니다.

❷ 예전에는 무령왕릉 내부로 직접 들어가 볼 수 있었는데 자꾸 훼손이 되어서 현재는 입구를 닫아 놓았습니다.

❸ 국립공주박물관에서는 백제에 대한 역사적 사실과 무령왕릉에 대해 자세히 살펴볼 수 있습니다.

❹ 서영이 아버지께서는 백제의 마지막 도읍지였던 부여로 가기 위해 공주를 떠난다고 하셨습니다.

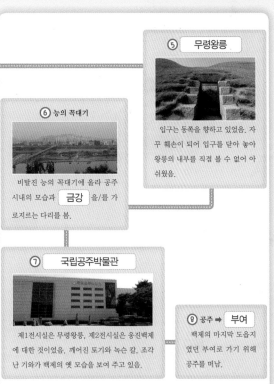

❶ 서영이 아버지께서 이동한 장소를 살펴보면서 빈칸에 알맞은 말을 쓰세요.

① 서울 ➡ 공주
서울에서 출발해 무령왕릉이 있는 공주 시내로 들어가기 위해 금강을 건넘.

② 무령왕릉 매표소 앞 울타리
마치 불꽃이 타오르는 듯한 모양을 한 관장식 은/는 임금님의 모자를 더욱 빛내 주었을 것 같음.

③ 송산리 고분군 전시관
왕릉의 모습을 본떠 만들어 놓은 전시관에서 1호~6호의 고분들과 무령왕릉에 대한 것을 살펴봄.

무령왕릉은 다른 왕릉과 달리 무덤의 주인을 확실히 알려 주는 묘지석이 발견되었지.

④ 무령왕릉 내부 모형
발굴 당시의 모습을 그대로 만들어 놓은 무덤 속은 으스스한 공간이 아니라 잘 지은 벽돌집 같았음.

⑤ 무령왕릉
입구는 동쪽을 향하고 있었음. 자꾸 훼손이 되어 입구를 닫아 놓아 왕릉의 내부를 직접 볼 수 없어 아쉬웠음.

⑥ 능의 꼭대기
비탈진 능의 꼭대기에 올라 공주 시내의 모습과 금강 을/를 가로지르는 다리를 봄.

⑦ 국립공주박물관
제1전시실은 무령왕릉, 제2전시실은 웅진백제에 대한 것이었음. 깨어진 토기와 녹슨 칼, 조각난 기와가 백제의 옛 모습을 보여 주고 있음.

⑨ 공주 ➡ 부여
백제의 마지막 도읍지였던 부여로 가기 위해 공주를 떠남.

1 다음 무령왕릉에서 발견된 문화재를 바탕으로 하여 무령왕이 살았던 당시의 모습은 어떠하였을지 짐작하여 쓰세요.

> 나는 묘지석이야. 무령왕이 523년 62세로 돌아가셨다는 것과 무령왕릉이 만들어진 때를 정확하게 알 수 있지.

✎ 예 묘지석에 무령왕의 이름과 사망한 시기 등이 정확히 기록되어 있는 것으로 보아, 무령왕은 평소에도 기록하는 것을 중요하게 여겼을 것 같다.

> 나는 523년에 철로 만들어진 동전이야. 원래 중국에서 사용하던 화폐였지.

✎ 예 무덤에서 중국 동전이 나온 것으로 보아 중국과 문물 교류가 활발했을 것 같다.

> 나는 금으로 만든 귀걸이야. 무령왕이 사용하던 것으로, 무척 화려하고 아름답지.

✎ 예 무령왕이 화려한 금제 귀걸이를 사용했던 것으로 보아, 문화 예술이 꽃피던 시기였을 것 같다.

2 다음은 국립공주박물관에 전시되어 있는 무령왕릉 석수의 모습입니다. 석수의 모습과 형태를 자세히 표현하여 보고, 무령왕릉에 석수를 넣어 둔 까닭은 무엇일지 쓰세요.

> 나는 무령왕릉을 지키는 상상의 동물이야. 무령왕릉 발굴 당시에 첫 번째로 발견되었어.

▲ 무령왕릉 석수
국보 제162호 (출처: 문화재청)

석수의 모습과 형태는 어떠한가요?

✎ 예 뭉뚝한 입을 벌리고 있다. / 짧은 다리가 네 개 있다. / 등에는 돌기가 솟아 있고 머리 위에는 나뭇가지 모양의 뿔이 꽂혀 있다. / 몸통에 날개 모양의 갈기가 있다.

무령왕릉 안에 석수를 넣어 둔 까닭은 무엇일까요?

✎ 예 무령왕릉에 나쁜 기운이 들어오지 못하도록 막기 위해서이다. / 무덤에 잠들어 있는 무령왕과 왕비를 지키기 위해서이다.

3 현재 우리가 생활하는 모습을 천 년 뒤의 미래 세대에게 알려 주기 위해 타임캡슐을 만들려고 합니다. 타임캡슐 안에 넣고 싶은 물건을 세 가지 떠올려 보고, 그 까닭을 각각 쓰세요.

> 타임캡슐에는 그 시대를 대표하는 기록이나 물건을 담아 두지.

예 스마트폰 을/를 넣고 싶다.
그 까닭 예 스마트폰은 현대인들이 가장 많이 사용하는 물건이기 때문이다.

예 컴퓨터 을/를 넣고 싶다.
그 까닭 예 컴퓨터는 현대 과학 기술을 대표하기 때문이다.

예 국어사전 을/를 넣고 싶다.
그 까닭 예 현대인들이 사용하는 언어를 정확하게 알려 줄 수 있기 때문이다.

4 앞으로 내가 여행하고 싶은 곳을 떠올려 보고, 빈칸에 알맞은 내용을 쓰세요.

여행하고 싶은 곳
예 백두산

그곳을 여행하고 싶은 까닭
✎ 예 백두산은 우리 민족의 기상이 담겨 있는 신성한 곳이고, 특히 세계에서 가장 깊은 화산 호수인 천지를 보고 싶기 때문이다.

그곳에서 알아보고 싶은 내용
✎ 예 • 백두산 천지의 여러 모습
• 백두산에 살고 있는 동식물
• 백두산 화산 폭발과 관련된 징조

미리 조사할 내용
✎ 예 • 백두산 천지를 감상하기 좋은 여행 경로
• 백두산의 위치 및 지형적 특징
• 백두산 화산 폭발과 관련된 텔레비전 프로그램 및 신문 기사와 자료

해설

1 무령왕릉에서 발굴된 유물들을 통해 무령왕의 업적이나 당시 사람들의 평가 등을 파악하여 보고, 그 당시의 문화와 생활 모습 등을 짐작하여 써 봅니다.

2 석수는 무령왕릉 발굴 당시에 널길 중앙에 놓여 있어서 무덤을 열었을 때 가장 먼저 발견된 유물입니다.

3 미래 세대에게 현재 우리가 살고 있는 모습을 잘 알려 주려면 타임캡슐 안에 어떤 물건들을 넣으면 좋을지 떠올려 보고, 그 까닭이 잘 드러나게 써 봅니다.

4 앞으로 여행하고 싶은 곳과 여행 동기 및 목적, 여행을 통해 알고 싶은 점 등이 잘 드러나게 써 봅니다.

3주 돌멩이 수프

1 다음 그림과 관련 있는 한자 성어 '십시일반'에는 어떤 가르침이 담겨 있을지 생각하여 쓰세요.

十	匙	一	飯
열 십	숟가락 시	하나 일	밥 반

열 사람이 자기 밥그릇에서 한 숟가락씩 밀어 보태면 한 사람이 먹을 수 있는 밥 한 그릇이 된다.

✎ 예 • 여러 사람이 조금씩 힘을 합하면 한 사람을 돕기 쉽다.
　　 • 여럿이 힘을 합하면 작은 힘으로도 큰 도움을 줄 수 있다.

2 우리 주변에는 가난과 질병, 전쟁 등으로 고통 받는 전 세계 어린이들을 돕기 위한 여러 단체가 있어요. 사람들이 얼굴도 본 적 없는 먼 나라 어린이들에게 돈이나 물자를 보내 주는 까닭은 무엇이겠는지 쓰세요.

✎ 예 • 불우한 어린이들이 건강하고 행복하게 살기를 바라기 때문이다.
　　 • 자신의 도움으로 어린이들이 행복해질 수 있기 때문이다.

3 어려움을 겪고 있거나 도움이 필요한 사람들을 위해서 자신이 한 일을 떠올려 쓰세요.

✎ 예 • 엄마와 함께 연탄 나르기 봉사를 한 적이 있다.
　　 • 불우이웃돕기 성금을 낸 적이 있다.

해설

1 한자 성어 '십시일반'은 열 사람이 한 술씩 보태면 한 사람 먹을 분량이 된다는 말로, 여러 사람이 힘을 합하면 한 사람을 돕기 쉽다는 뜻이 담겨 있습니다.

2 가까운 이웃뿐만 아니라 도움이 필요한 전 세계 사람들을 위해서 봉사하고 사랑을 전달하는 사람들이 많이 있습니다.

3 어려움을 겪고 있거나 도움이 필요한 사람들을 위해서 봉사를 하였거나 성금을 낸 일 등을 떠올려 써 봅니다.

1 다음 빈칸에 알맞은 낱말을 보기 에서 찾아 쓰세요.

보기　　개　끼　잔　그릇　자루　포기

목장에 가서 신선한 우유 한 **잔** 을/를 마셨다.

어머니는 시장에서 배추 세 **포기** 을/를 사 오셨다.

남동생 혼자 커다란 빵을 세 **개** 나 먹었다.

큰아버지께서 옥수수를 두 **자루** 나 짊어지고 오셨다.

아침밥을 한 **끼** 만 굶어도 기운이 없다.

눈 깜짝할 사이에 자장면 한 **그릇** 을/를 먹어 치웠다.

2 낱말과 관련 있는 내용을 살펴보고, 알맞은 낱말을 찾아 ○표 하세요.

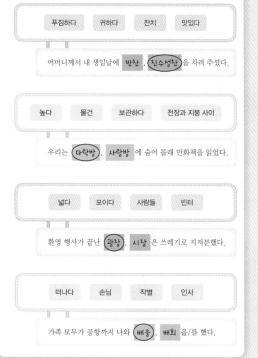

| 푸짐하다 | 귀하다 | 잔치 | 맛있다 |

어머니께서 내 생일날에 반찬 , 진수성찬 을 차려 주셨다.

| 높다 | 물건 | 보관하다 | 천장과 지붕 사이 |

우리는 다락방 , 사랑방 에 숨어 몰래 만화책을 읽었다.

| 넓다 | 모이다 | 사람들 | 빈터 |

환영 행사가 끝난 광장 , 시장 은 쓰레기로 지저분했다.

| 떠나다 | 손님 | 작별 | 인사 |

가족 모두가 공항까지 나와 배웅 , 배회 을/를 했다.

낱말 탐구

✦ **진수성찬:** 푸짐하게 잘 차린 맛있는 음식.

✦ **천장:** 지붕의 안쪽.

✦ **사랑방:** 한국 전통 가옥에서 집의 안채와 떨어져 있는, 주로 집안의 남자 주인이 머물며 손님을 맞는 방.

✦ **환영:** 오는 사람을 기쁜 마음으로 반갑게 맞음.

✦ **행사:** 목적이나 계획을 가지고 절차에 따라서 어떤 일을 시행함. 또는 그 일.

✦ **배회:** 아무 목적도 없이 어떤 곳을 중심으로 어슬렁거리며 이리저리 돌아다님.

한줄톡! ❶ 군인들 ❷ 먹을 것(음식) ❸ 돌멩이 수프　　　한줄톡! ❹ 돌멩이 ❺ 진수성찬 ❻ 돌멩이 수프

77쪽

내용 확인 ❶ (1) ○　　❷ ③　　❸ ㉰

❹ 돌멩이 수프

83쪽

내용 확인 ❶ 사과, 고구마　　❷ ③　　❸ (3) ○

❹ ㉯

❶ 전쟁터에서 돌아오는 군인들은 몹시 피곤했을 뿐만 아니라 이틀 동안 아무것도 먹지 못해 무척 배가 고팠습니다.

❷ 군인들이 오고 있다는 소식을 들은 마을 사람들은 각자 집으로 돌아가 먹을 것을 숨겼습니다.

❸ 마을 사람들은 형편이 넉넉하지 못하고 흉년이 들어 먹을 것이 부족했지만, 전쟁으로 집들이 부서지거나 농사를 지을 수 없었던 것은 아닙니다.

❹ 군인들은 돌멩이 수프를 만들기 위해서 마을 사람들에게 커다란 쇠솥을 빌려 달라고 했습니다.

❶ 돌멩이 수프에는 소금, 후추, 당근, 양배추, 쇠고기, 감자, 보리, 우유가 들어갔습니다.

❷ 비록 형편이 어렵더라도 욕심을 버리고 자신의 것을 이웃과 함께 나누면 어려움을 극복할 수 있다는 교훈을 얻었습니다.

❸ 마을 사람들은 집 안에 숨겨 두었던 재료를 스스로 가져와 수프에 넣음으로써 임금님이 드실 만한 맛있는 수프를 만들 수 있었습니다.

❹ 군인들은 돌멩이 수프를 통해 마을 사람들에게 욕심을 버리고 이웃과 함께 나누는 마음을 일깨워 주었습니다.

1 군인들과 마을 사람들이 한 일을 차례대로 정리하여 빈칸에 알맞은 말을 쓰세요.

① (예) 굶주리고 지친 군인 세 명이 전쟁터에서 집으로 돌아가는 길에 시골 마을을 발견했다.

② 군인들이 온다는 소식이 전해지자, 마을 사람들은 집 안 곳곳에 먹을 것(음식) 을/를 모조리 감추었다.

③ 군인들이 온 마을을 돌아다녔지만 마을 사람들은 먹을 것과 잠잘 곳을 내어 주지 않았다.

④ 배고픈 군인들은 돌멩이 수프를 만들어 먹기로 하고, 마을 광장 에서 모닥불을 지피고 커다란 쇠솥에 물을 끓이기 시작했다.

⑤ 군인들은 커다란 쇠솥에 큼지막하고 매끈한 돌멩이 세 개를 넣었고, 마을 사람들이 가져온 소금과 후추, 당근, 양배추, 쇠고기 , 감자, 보리, 우유 을/를 넣어 맛있는 수프를 완성했다.

⑥ 군인들과 마을 사람들은 돌멩이 수프 과/와 푸짐한 음식을 나누어 먹으며 즐겁게 춤을 추며 노래했다.

⑦ (예) 잔치가 끝나자 마을 사람들은 군인들에게 마을에서 가장 좋은 잠자리를 마련해 주었다.

⑨ 다음 날 아침, 마을 사람들은 돌멩이 수프 만드는 방법을 알려 준 지혜로운 군인들에게 고마운 마음을 전하며 배웅해 주었다.

1 배고픈 군인들이 찾아왔을 때 마을 사람들이 먹을 것을 모조리 감추고 나누어 주지 않은 행동에 대하여 어떻게 생각하는지 쓰세요.

> 우리도 사흘 동안 먹을 거라곤 구경도 못 했소.
>
> 배고픈 우리에게 나누어 줄 음식이 있나요?
>
> 올해는 흉년이라서요.
>
> 혹시 남는 음식 없습니까?

내 생각

> 〔예〕 • 마을 사람들의 입장에서는 어쩔 수 없었다고 생각한다.
> • 마을 사람들의 행동은 잘못되었다고 생각한다.

그렇게 생각하는 까닭

> 〔예〕 • 군인들에게 먹을 것을 나누어 주면 자신들이 먹을 음식이 부족해지기 때문이다.
> • 아무리 형편이 어려워도 배고픈 군인들에게 먹을 것을 나누어 주는 것이 인간의 도리이기 때문이다.

2 군인들을 대하는 마을 사람들의 태도는 어떻게 달라졌는지 비교하여 보고, 돌멩이 수프를 만들어 먹으면서 마을 사람들이 무엇을 깨달았는지 쓰세요.

군인들이 마을에 처음 들어왔을 때

> 〔예〕 배고픈 군인이 먹을까 봐 집에 있는 음식을 모조리 숨기고, 남는 침대도 없다고 잠자리를 내어 주지 않았다.

↓

군인들이 돌멩이 수프를 만들 때

> 〔예〕 돌멩이로 수프를 만드는 군인들에게 호기심이 생겼고, 수프를 만드는 데 필요한 재료를 집에서 가져왔다.

돌멩이 수프를 만들어 먹으면서 마을 사람들이 깨달은 점

> 〔예〕 • 닫힌 마음을 열고 이웃과 음식을 나누면서 기쁨과 즐거움을 느꼈다.
> • 욕심을 버리고 이웃과 함께 나누면 더 풍요로워진다는 것을 깨달았다.

3 다음 친구들의 대화를 살펴보고, 돌멩이로 수프를 만든 군인들의 행동에 대한 내 생각을 정리하여 쓰세요.

> 돌멩이로 수프를 만든다더니 온갖 재료를 넣어 수프를 만들었어. 결국 군인들은 배고픔을 해결하려고 마을 사람들을 속인 게 아닐까?

> 군인들이 돌멩이 수프를 만들지 않았다면 마을 사람들은 달라지지 않았을 거야. 마을 사람들도 군인들에게 돌멩이 수프 만드는 방법을 배워서 고마워했잖아?

군인들의 행동에 대한 내 생각

> 〔예〕 • 돌멩이 수프를 만든 군인들은 마을 사람들을 속인 것이다.
> • 돌멩이 수프를 만든 군인들의 행동은 거짓된 행동이 아니다.

그렇게 생각하는 까닭

> 〔예〕 • 돌멩이 외에 마을 사람들이 가져온 온갖 재료를 넣어 수프를 만들었기 때문이다.
> • 마을 사람들이 가져온 재료를 넣어 맛있는 수프를 만들었고, 그것을 마을 사람들과 함께 즐겁게 나누어 먹었기 때문이다.

4 만약 마을 사람들이 마음을 바꾸지 않고 군인들에게 먹을 것과 잠잘 곳을 마련해 주지 않았다면 어떤 일이 일어났을지 상상하여 쓰세요.

> 마을 사람들이 돌멩이 수프에 넣을 음식 재료를 가져오지 않았다면?

> 〔예〕 • 군인들이 아무 맛도 없는 멀건 수프를 끓여 먹으며 배고픔을 달랬을 것이다.
> • 화가 난 군인들이 인정 없는 마을 사람들에게 거친 말과 행동을 하고, 마을 사람들은 두려움에 떨었을 것이다.

> 마을 사람들이 군인들에게 잠잘 곳을 마련해 주지 않았다면?

> 〔예〕 • 군인들은 마을 앞 광장에서 몸을 웅크린 채 잠이 들었을 것이다.
> • 화가 난 군인들이 마을 사람들 집에 함부로 들어가고, 마을 사람들은 무서워서 이웃 마을로 달아났을 것이다.

해설

1 마을 사람들은 형편이 좋지 않아 낯선 군인들이 마을로 오는 것이 반갑지 않았고, 배고픈 군인들에게 먹을 것을 나누어 주고 싶지 않았습니다. 이런 행동에 대한 내 생각을 정리하여 보고, 그렇게 생각하는 까닭이 잘 드러나게 써 봅니다.

2 마을 사람들은 스스로 돌멩이 수프를 만드는 데 필요한 음식 재료를 조금씩 가져와 넣음으로써 보다 풍성하고 맛있는 수프가 만들어진다는 것을 알게 되었습니다.

3 군인들이 만든 돌멩이 수프는 마을 사람들이 조금씩 가져온 음식 재료를 넣어 만든 것이었습니다. 이런 군인들의 행동을 어떻게 생각하는지 써 봅니다.

4 힘들고 절망스러운 상황에 처한 군인들이 어떤 행동을 했을지, 마을 사람들은 어떤 일을 겪게 될지 등을 상상하여 써 봅니다.

4주 우리 교실에 벼가 자라요

읽기 전 생각 열기

1 식물이나 곡식이 자라는 환경을 생각해 보고, 다음 장소에서는 어떤 식물이나 곡식이 자라는지 쓰세요.

논이나 밭

벼, 보리,

예 배추, 콩, 시금치, 당근, 인삼, 고구마, 감자 등

우리 교실 창가

채송화, 강낭콩,

예 백일홍, 맨드라미, 선인장, 로즈마리 등

우리 집

봉숭아, 꽃기린,

예 제라늄, 방울토마토, 행운목, 베고니아, 관음죽 등

2 다음은 우리 조상들이 농사를 짓는 데 쓰던 농기구입니다. 사진을 잘 살펴보고, 알맞은 농기구의 이름을 보기에서 찾아 빈칸에 쓰세요.

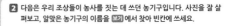

보기 낫 키 지게 호미

곡식이나 풀 따위를 베는 데 쓰는 **낫**

논밭을 가는 데 쓰는 **쟁기**

쭉정이를 골라 내는 데 쓰는 **키**

짐을 얹어 옮기는 데 쓰는 **지게**

잡초나 고구마를 캘 때 쓰는 **호미**

논의 바닥을 고르는 데 쓰는 **써레**

해설

1 논이나 밭에서 기르는 곡식이나 작물, 교실이나 집에서 기르는 식물이나 화초 등을 알아봅니다.

2 우리 조상들은 대대로 농사를 지으며 생활해 왔습니다. 옛 조상들이 농사를 지을 때 쓰던 농기구와 농작물을 운반하거나 다듬을 때 쓰던 기구를 잘 살펴보고 각각의 쓰임새에 대해 알아봅니다.

읽기 전 낱말 탐구

1 다음에서 설명하는 내용을 잘 읽고, 보기에서 알맞은 낱말을 찾아 빈칸에 쓰세요.

보기 논 모 논둑 모판

논 : 물을 대어 주로 벼를 심어 가꾸는 땅.

논둑 : 논의 가장자리에 높고 길게 쌓아 올린 방죽.

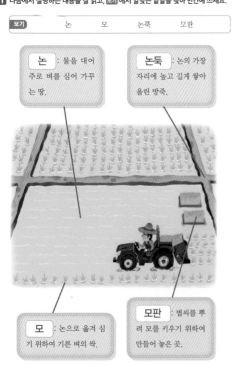

모 : 논으로 옮겨 심기 위하여 기른 벼의 싹.

모판 : 볍씨를 뿌려 모를 키우기 위하여 만들어 놓은 곳.

2 다음 뜻을 가진 낱말이 되도록 보기에서 알맞은 글자를 찾아 빈칸에 쓰세요.

보기 가 허 기 비 수 아 추 분 무 공 정

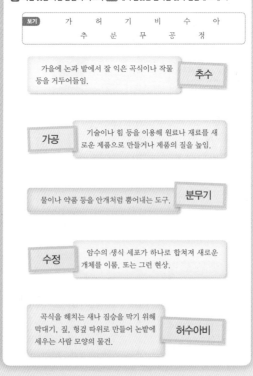

가을에 논과 밭에서 잘 익은 곡식이나 작물 등을 거두어들임. **추수**

기술이나 힘 등을 이용해 원료나 재료를 새로운 제품으로 만들거나 제품의 질을 높임. **가공**

물이나 약품 등을 안개처럼 뿜어내는 도구. **분무기**

암수의 생식 세포가 하나로 합쳐져 새로운 개체를 이룸. 또는 그런 현상. **수정**

곡식을 해치는 새나 짐승을 막기 위해 막대기, 짚, 헝겊 따위로 만들어 논밭에 세우는 사람 모양의 물건. **허수아비**

낱말 탐구

✦ **벼**: 가을에 익으며, 이것을 찧은 것을 '쌀'이라고 함. 쌀은 주식으로 밥이나 죽을 만들거나 떡, 과자, 술 따위를 만드는 데 씀.

✦ **방죽**: 물이 밀려들어 오는 것을 막기 위하여 쌓은 둑.

✦ **원료**: 어떤 물건을 만드는 데 들어가는 재료.

✦ **재료**: 물건을 만드는 데 들어가는 감.

✦ **암수**: 암컷과 수컷을 아울러 이르는 말.

✦ **개체**: 하나의 독립된 생물체. 살아가는 데에 필요한 독립적인 기능을 갖고 있음.

한줄톡! ❶ 우유 상자　　❷ 싹　　❸ 논

103쪽

내용 확인 ❶ 농업박물관　❷ 그물, 철사줄
❸ (2) ○ (3) ○　❹ (2) ○

한줄톡! ❹ 스티로폼 상자　❺ 벼꽃　❻ 쌀

109쪽

내용 확인 ❶ 모내기　❷ (1) ○　❸ ㉮
❹ ①

❶ 도연이와 친구들은 농업박물관으로 현장 학습을 가서 선사 시대부터 지금까지 어떻게 농사를 지어 왔는지 살펴보았습니다.

❷ 도연이네 반 꼬마 농부들이 벼농사를 짓는 데 필요한 것은 '볍씨, 우유 상자, 얇은 천, 물, 흙'입니다.

❸ 물을 너무 많이 주면 볍씨가 썩을 수 있기 때문에 볍씨가 마르지 않을 정도로만 물을 주어야 합니다.

❹ 볍씨를 흙에 옮겨 심은 지 삼 일이 지났을 때, 흙을 뚫고 초록색 싹이 길쭉하게 올라왔습니다.

❶ '모내기'는 모판에서 어느 정도 자란 모(벼의 싹)를 논으로 옮겨 심는 일을 말합니다.

❷ 개학날이 되었을 때 벼는 아이들 허리 높이까지 자랐고, 싸라기눈같이 하얀 벼꽃이 피었습니다.

❸ 허수아비는 곡식을 해치는 새, 짐승 따위를 막기 위하여 막대기와 짚 따위로 만들어 논밭에 세우는 사람 모양의 물건입니다.

❹ 볍씨가 모가 되고, 모가 자라 이삭이 열리고 통통하게 여물어 갑니다.

❶ 도연이와 반 친구들이 교실에서 벼를 키운 과정을 생각하며 보기 에서 알맞은 말을 찾아 빈칸에 쓰세요.

보기 　모　물　벼　흙　바람　벼꽃
　　　볍씨　추수　모내기　벼 이삭

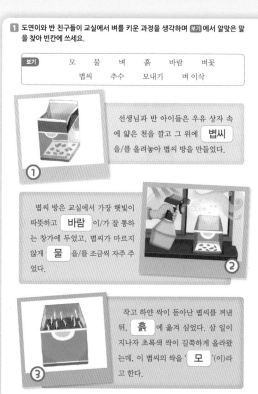

① 선생님과 반 아이들은 우유 상자 속에 얇은 천을 깔고 그 위에 **볍씨** 을/를 올려놓아 볍씨 방을 만들었다.

② 볍씨 방은 교실에서 가장 햇빛이 따뜻하고 **바람** 이/가 잘 통하는 창가에 두었고, 볍씨가 마르지 않게 **물** 을/를 조금씩 자주 주었다.

③ 작고 하얀 싹이 돋아난 볍씨를 꺼낸 뒤, **흙** 에 옮겨 심었다. 삼 일이 지나자 초록색 싹이 길쭉하게 올라왔는데, 이 볍씨의 싹을 '**모** '(이)라고 한다.

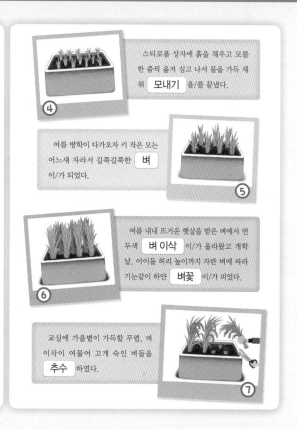

④ 스티로폼 상자에 흙을 채우고 모를 한 줌씩 옮겨 심고 나서 물을 가득 채워 **모내기** 을/를 끝냈다.

⑤ 여름 방학이 다가오자 키 작은 모는 어느새 자라서 길쭉길쭉한 **벼** 이/가 되었다.

⑥ 여름 내내 뜨거운 햇살을 받은 벼에서 연두색 **벼 이삭** 이/가 올라왔고 개학날, 아이들 허리 높이까지 자란 벼에 싸라기눈같이 하얀 **벼꽃** 이/가 피었다.

⑦ 교실에 가을볕이 가득할 무렵, 벼 이삭이 여물어 고개 숙인 벼들을 **추수** 하였다.

7권　**11**

1 벼농사와 관련된 다음 속담의 뜻을 알아보고, 빈칸에 들어갈 알맞은 말을 쓰세요.

"볍씨 고르기가 맏며느리 고르기와 같다."라는 속담은 맏며느리를 가장 신경 써서 고르는 것처럼 그해 농사를 잘 짓기 위해서는 **예 좋은 볍씨를 고르는 것이 중요하다** 은(는) 뜻이다.

"**예 벼 이삭은 익을수록 고개를 숙인다.**"(이)라는 속담은 교양이 있고 수양을 쌓은 사람일수록 겸손하고 남 앞에서 자기를 내세우려 하지 않는다는 뜻이다.

2 다음 글을 읽고 벼농사에 모내기법을 이용하고 나서 어떤 점이 좋아졌을지 생각하여 쓰세요.

오백 년 전까지만 해도 논에다 볍씨를 직접 뿌리고 계속 그 자리에서 벼를 길렀어요.

점차 벼농사 기술이 발전하면서 오판에서 볍씨의 싹을 틔워 모를 키운 다음, 물을 댄 논에 옮겨 심었지요.

▲ 논에 직접 볍씨 뿌리기 　▲ 모를 키워 논에 옮겨 심기

논에 볍씨를 직접 뿌리니까 제대로 싹을 틔우지 못하는 게 너무 많아.

✏ 예 줄을 맞춰 모를 심기 때문에 잡초를 뽑기가 쉬워서 일손을 줄이는 효과가 있다. / 모내기 과정에서 나쁜 모를 골라내고 심어서 수확량을 늘릴 수 있다.

3 벼가 자라고 있는 넓은 들판에 허수아비를 세워 두려고 해요. 어떤 허수아비를 만들어 세울지 나만의 개성이 잘 드러나게 그림으로 표현해 보고, 그 특징이 잘 드러나게 글로 쓰세요.

 허수아비는 농작물을 쪼아 먹는 새들을 쫓기 위해 논을 지키는 사람처럼 보이게 만들어.

그림으로 표현하기

예

특징이 잘 드러나게 글 쓰기

✏ 예 멋진 옷차림과 선글라스를 낀 '강남 스타일'의 허수아비이다. 음악에 맞춰 고개를 돌리고 팔다리를 자유롭게 움직일 수 있는 기능이 있어서 낟알을 쪼아 먹는 새들을 쫓으며 신나게 춤을 출 것이다.

4 우리가 매일 먹는 밥 한 그릇에는 얼마나 많은 사람의 땀과 정성이 깃들어 있는지 생각해 보고, 앞으로의 각오나 다짐을 담아 고마운 마음을 전하는 글을 쓰세요.

(예 어머니)께 고마운 마음을 전하고 싶어요.
왜냐하면, 예 매일 저에게 맛있는 밥을 지어 주시고 반찬도 만들어 　주셨기 때문이에요.
앞으로 예 밥을 남기지 않고 깨끗이 먹을게요. 밥 한 그릇에 많은 사람의 땀과 정성이 깃들어 있다는 것도 잊지 않겠습니다.
정말 고맙습니다.

20○○년 ○○월 ○○일
(예 김수정)올림

해설

1 벼농사를 짓는 방법, 벼가 자라는 과정과 관련 있는 속담입니다. 속담의 뜻을 잘 생각해 보고 우리의 평소 생활과 관련지어 속담에 담겨 있는 의미를 깨우쳐 봅니다.

2 모내기법의 기술이 발달하면서 쌀의 생산량이 크게 늘어나고 일손은 줄이는 효과를 보았습니다.

3 자신이 만들고 싶은 허수아비의 모습을 생각하여 본 뒤, 특징이 잘 드러나게 그림과 글로 표현하여 봅니다.

4 밥 한 그릇에 담겨 있는 많은 사람의 땀과 정성을 생각해 봅니다. 누구에게 고마운 마음을 전하고 싶은지 정한 뒤, 고마운 마음을 전하고 싶은 까닭과 앞으로의 각오나 다짐을 정리하여 글을 완성해 봅니다.

39쪽

★ 할아버지가 키우는 돼지들이 들판에 놀러 나왔어요. 돼지는 모두 몇 마리일까요?

| 25 | 마리 |

65쪽

★ 우리 동네에서 가장 유명한 인형 공장에 구경을 왔어요!
  인형 공장에 숨어 있는 15개의 물건을 찾아보세요.

91쪽

★ 그림 속 사람들의 표정을 상상하여 그려 보고, 엄마의 생각 주머니에 알맞은 말을 써 넣으세요.

💭 예 학교 가기 싫어서 자꾸 꾀병을 부리더니 이제 곧 들통나게 생겼네.

어디 보자.

117쪽

재미로 보는 **심리 테스트 결과**

① 나의 스트레스 지수는 70%

스트레스가 심해 많이 지쳐 있는 것 같네요.

따뜻한 물로 목욕을 한다거나 친한 친구와 수다를 떨어서 스트레스를 날려 보세요.

② 나의 스트레스 지수는 50%

요즘 아무 이유 없이 화가 나거나 축 처진 적이 있나요?

나를 위한 휴식 시간이 필요해 보여요.

다른 것은 잠시 내려놓고, 현재 내 상태에 집중해 보세요.

③ 나의 스트레스 지수는 30%

스트레스가 조금 있네요.

아직 초기 단계일 때 스트레스 관리를 잘해야 해요.

오늘은 기분 전환을 위해 친구랑 초콜릿 우유 한 잔 어떨까요?

④ 나의 스트레스 지수는 10%

스트레스가 거의 없는 편이네요.

평소 공부할 때는 공부하고, 놀 때는 노는 성격!

지금처럼 몸과 마음의 건강을 잘 지켜 주세요.

기행문 어떻게 쓸까요?

122~125쪽

1 기행문 **2** 현이, 아영, 민준 **3** (1) ① (2) ③ (3) ②
4 (1) 여정 (2) 견문 (3) 감상 **5** (1) ○ **6** 만장굴
7 (1) ㉮, ㉯ (2) ㉰, ㉱ **8** 아영

1 동하가 친구들에게 여행하면서 보고 듣고 느낀 점을 알려 주려면 기행문을 써야 합니다.

2 기행문에는 여행하면서 다닌 곳, 보고 들은 내용, 생각하거나 느낀 점을 반드시 써야 합니다.

3 기행문의 가운데 부분에는 여정(여행하면서 다닌 곳), 견문(여행하면서 보고 들은 것), 감상(여행하면서 생각하거나 느낀 점)이 잘 드러나게 써야 합니다.

4 여행의 과정이나 일정을 '여정', 여행하면서 보고 들은 것을 '견문', 여행하면서 생각하거나 느낀 점을 '감상'이라고 합니다.

5 기행문의 처음 부분에는 여행한 까닭이나 목적을 씁니다. (2)에는 여행한 까닭이나 목적 등이 드러나 있지 않습니다.

6 글쓴이의 가족은 용눈이 오름에 간 뒤에 화산 활동으로 만들어진 만장굴로 향했습니다.

7 글쓴이가 여행하면서 보고 들은 것, 생각이나 느낌을 구분하여 봅니다. ㉮는 대관령 풍력 발전 단지에서 본 것, ㉯는 소장님께 들은 것, ㉰와 ㉱는 글쓴이의 생각이나 느낌입니다.

8 기행문의 끝부분에는 여행의 전체적인 감상을 쓰는 것이 좋습니다. 여정을 다시 한번 알려 줄 필요는 없습니다.

이렇게 써 봐요!

1 지금까지 여행했던 곳 가운데에서 가장 기억에 남는 곳을 떠올려 보고, 기행문에 들어갈 내용을 정리하여 쓰세요.

가장 기억에 남는 곳	**예** 강릉 오죽헌
그곳을 여행한 까닭이나 목적	**예** 신사임당과 율곡 이이의 삶을 느낄 수 있기 때문이다.
전체적인 느낌	**예** 우리 역사를 알게 되어 마음이 뿌듯했다.

2 기행문의 짜임을 생각하며 여정, 견문, 감상으로 나누어 정리해 보세요.

여정	**예** 이른 아침에 서울역에서 기차를 타고 강릉역에 내림. → 오죽헌에 도착함. → 저녁에 서울로 돌아옴.
견문	**예** • 신사임당과 율곡 이이의 생가인 오죽헌은 보물 제165호라고 함. • 400년이 넘은 배롱나무를 보고, 율곡 기념관에서 이이의 생애에 대한 설명을 들음.
감상	**예** • 이이의 생가에서 왠지 모를 기품이 느껴짐. • 13살에 장원 급제를 했다는 이이의 삶이 놀랍게 느껴졌음.

3 **1**과 **2**에서 정리한 내용을 바탕으로 하여 여정, 견문, 감상이 잘 드러나게 기행문을 써 보세요.

예 율곡 이이의 발자취를 찾아서

아빠와 함께 우리나라 지폐 속 인물의 발자취를 찾아 여행하기로 했다. 첫 번째 주인공으로 율곡 이이를 선택하였다. 그래서 이번 여름 방학에 오죽헌에 갔다.

이른 아침 서울역에서 기차를 타고 강릉역에서 내렸다. 버스를 타고 오죽헌으로 향했다. 신사임당과 율곡 이이의 생가인 오죽헌은 보물 제165호라고 한다. 우리는 이이의 동상과 400년이 넘은 배롱나무를 보았다. 나무가 어떻게 400년 동안이나 살아 있을 수 있는지 참 신기했다.

율곡 기념관을 둘러보고 이이의 생애에 대해서도 알게 되었다. 이이는 13살에 장원 급제를 했다고 한다. 나도 율곡 이이만큼은 아니더라도 최선을 다해서 공부를 해야겠다고 생각했다. 이이가 태어나고 살았던 생가에 갔을 때는 생가에서 왠지 모를 기품이 느껴졌다.

짧은 강릉 여행을 마치고 돌아오는 길에 나는 우리 역사 속 인물의 삶을 알게 되어 마음이 뿌듯했다. 앞으로 우리 역사와 역사 속 인물에 대해 늘 관심을 가져야겠다.

논설문 어떻게 쓸까요?

1 논설문　　**2** (1) 예 문화재 (2) ㉯
3 문화재는 한번 훼손되면 복원하기가 어렵다.
4 현이　　**5** ㉮, ㉰　　**6** ④　　**7** ㉮, ㉯, ㉰
8 현이, 아영, 민준

1 자기의 주장을 내세우려면 논설문을 써야 합니다.

2 글쓴이는 전시회에 가서 사람들이 오래된 문서를 함부로 만지는 모습을 보았습니다. 그래서 사람들이 문화재를 소중히 여기지 않는 것을 문제 상황으로 제시하였고, 문화재를 적극적으로 보호해야 한다고 주장했습니다.

3 각 문단의 첫 번째 문장에서 근거를 찾을 수 있습니다.

4 결론 부분에서는 새로운 근거를 제시하지 않습니다.

5 자신의 의견을 설득력 있게 내세울 수 있는 내용이어야 합니다. 동물원이 즐거운 곳이라는 것은 개인의 감정에 속하고, 사람은 물 없이 살 수 없다는 것은 과학적인 사실에 속합니다.

6 국립 공원에 케이블카를 설치하면 장애인들도 산을 오르내리기가 편리해진다는 것은 케이블카 설치를 찬성하는 주장을 뒷받침하는 근거입니다.

7 주장을 뒷받침하는 근거는 타당하고 믿을 만한 내용이어야 합니다.

8 개도 훈련시키면 짖지 않는다는 것은 아파트에서 개를 기르지 말자는 주장을 뒷받침하는 근거로 보기 어렵습니다.

이렇게 써 봐요!

1 우리 주변에서 바꾸고 싶은 문제 상황을 떠올려 보고, 그 문제에 대한 자신의 주장을 쓰세요.

문제 상황	예 스마트폰으로 인해 수업 시간에 많은 문제들이 발생하고 있다.
주장	예 학교에 오면 스마트폰을 선생님께 맡겨 두자.

2 **1**에서 정한 자신의 주장을 뒷받침할 수 있는 근거를 두 가지 쓰세요.

근거 1
예 스마트폰을 자꾸 보고 싶어서 수업에 집중할 수 없다.

근거 2
예 수업 시간에 스마트폰이 울리면 공부하는 데 방해가 된다.

3 **2**에서 말한 근거를 뒷받침할 수 있는 자료를 찾아 정리하여 쓰세요.

근거	근거를 뒷받침하는 자료
1	예 초등학생들이 수업 시간에 몇 번이나 스마트폰을 보는지 알려 주는 통계 자료
2	예 수업 시간에 스마트폰이 울려서 공부하는 데 방해가 된 사례

4 **1**~**3**에서 정리한 내용을 바탕으로 하여 서론, 본론, 결론이 드러나게 논설문을 써 보세요.

예 스마트폰을 선생님께 맡겨 두자

　요즘 학교에 스마트폰을 가지고 오는 친구들이 많다. 그래서 스마트폰으로 인한 많은 문제들이 발생하고 있다. 나는 학교에 오면 스마트폰을 선생님께 맡겨 두고 집에 갈 때 찾아가야 한다고 생각한다.
　수업 시간에 스마트폰을 가지고 있으면 자꾸 보고 싶어서 선생님 말씀에 집중할 수 없다. 교육청에서 발표한 통계 자료에 따르면, 초등학생 절반이 수업 시간에 스마트폰을 20번 이상 본다고 한다.
　수업 시간에 스마트폰이 울리면 다른 친구들이 공부하는 데 방해가 되기도 한다. 수업에 열심히 집중하고 있는 친구들을 방해하는 것은 잘못된 행동이다.
　스마트폰은 우리의 삶에 많은 도움을 주지만 수업 시간에 스마트폰을 가지고 있는 것은 많은 문제를 발생시켜 나쁜만 아니라 선생님, 친구들에게 방해가 된다. 이제 학교에 오면 스마트폰을 선생님께 맡기도록 하자.

독서노트

내가 읽은 책은?

읽은 날짜   월   일

책 제목	작은 총알 하나
글쓴이	위기철

1 이 글을 읽고 기억에 남는 장면과 그 까닭을 쓰세요.

✔ 기억에 남는 장면

예 비비탄에 이마를 맞은 보미가 경민이에게 다가가서 실랑이를 벌이는 장면

✔ 그 까닭

예 보미와 경민이가 실랑이를 벌이는 장면과 비슷한 장면을 우리 반에서도 자주 볼 수 있기 때문이다.

2 이 글을 읽고 어떤 생각이나 느낌이 들었는지 쓰세요.

예 앞으로 친구들끼리 총싸움과 같이 폭력적인 놀이나 게임은 하지 않아야겠다고 생각했다. / 작은 행동이라도 다른 사람을 다치게 하거나 피해를 주는 일을 하지 않아야겠다고 다짐했다.

만족도   ·재미·   ·지식·   ·감동·   총 평점
★★★★★ ★★★★★ ★★★★★ ★★★★★

※ 가이드북 16쪽에 있는 예시 답안을 확인하세요.

내가 읽은 책은?

읽은 날짜   월   일

책 제목	백제의 숨결, 무령왕릉
글쓴이	심상우

1 이 글을 읽기 전 이미 알고 있던 내용과 글을 읽고 나서 새로 알게 된 내용을 쓰세요.

✔ 이미 알고 있던 내용

예 무령왕릉이 백제 제25대 무령왕과 왕비의 무덤이라는 것

✔ 새로 알게 된 내용

예 예전에는 무령왕릉 안으로 직접 들어갈 수 있었지만 자꾸 훼손이 되어서 현재는 입구를 닫아 놓았다는 것

2 이 글을 읽고 어떤 생각이나 느낌이 들었는지 쓰세요.

예 나도 가족과 함께 무령왕릉이 있는 공주로 여행을 가 보고 싶다. / 무령왕릉에서 나온 귀중한 유물들을 잘 관리해서 후손들에게 길이길이 물려주어야 한다는 책임감이 들었다.

만족도   ·재미·   ·지식·   ·감동·   총 평점
★★★★★ ★★★★★ ★★★★★ ★★★★★

※ 가이드북 16쪽에 있는 예시 답안을 확인하세요.

내가 읽은 책은?

읽은 날짜   월   일

책 제목	돌멩이 수프
글쓴이	마샤 브라운

1 이 글을 읽고 기억에 남는 장면과 그 까닭을 쓰세요.

✔ 기억에 남는 장면

예 군인들과 마을 사람들이 돌멩이 수프와 푸짐한 음식을 나누며 먹으며 춤을 추고 노래를 부르는 모습

✔ 그 까닭

예 형편이 어려워 절망에 빠져 있던 마을 사람들이 웃음을 되찾고 즐거워하였기 때문이다.

2 이 글을 읽고 어떤 생각이나 느낌이 들었는지 쓰세요.

예 아무리 작은 것이라도 다른 사람과 나눌 줄 아는 사람이 되어야겠다고 생각했다. / 어려움이 와도 여러 사람이 힘을 모으면 해결할 수 있다는 것을 알게 되었다.

만족도   ·재미·   ·지식·   ·감동·   총 평점
★★★★★ ★★★★★ ★★★★★ ★★★★★

※ 가이드북 16쪽에 있는 예시 답안을 확인하세요.

내가 읽은 책은?

읽은 날짜   월   일

책 제목	우리 교실에 벼가 자라요
글쓴이	박희란

1 이 글을 읽기 전 이미 알고 있던 내용과 글을 읽고 나서 새로 알게 된 내용을 쓰세요.

✔ 이미 알고 있던 내용

예 벼 이삭을 쪼아먹는 새나 짐승을 막기 위해 허수아비를 세운다는 것

✔ 새로 알게 된 내용

예 벼가 어느 정도 자라면 싸라기눈같이 하얀 벼꽃이 핀다는 것

2 이 글을 읽고 어떤 생각이나 느낌이 들었는지 쓰세요.

예 작은 볍씨가 자라 쌀이 되기까지 얼마나 많은 사람의 노력과 정성이 필요한지 깨닫게 되었다. / 농부에게 감사하는 마음이 들었고, 쌀 한 톨도 소중히 여겨야겠다고 생각했다.

만족도   ·재미·   ·지식·   ·감동·   총 평점
★★★★★ ★★★★★ ★★★★★ ★★★★★

※ 가이드북 16쪽에 있는 예시 답안을 확인하세요.

기적의 학습서

오늘도 한 뼘 자랐습니다

길벗스쿨

기적의 학습서, 제대로 경험하고 싶다면?
학습단에 참여하세요!

꾸준한 학습!

풀다 만 문제집만 수두룩? 기적의 학습서는 스케줄 관리를 통해 꾸준한 학습을 가능케 합니다.

푸짐한 선물!

학습단에 참여하여 꾸준히 공부만해도 상품권, 기프티콘 등 칭찬 선물이 쏟아집니다.

알찬 학습 팁!

엄마표 학습의 고수가 알려주는 학습 팁과 노하우로 나날이 발전된 홈스쿨링이 가능합니다.

길벗스쿨 공식 카페 〈기적의 공부방〉에서 확인하세요.
http://cafe.naver.com/gilbutschool